5.-€ MG
W3

Éditions Clémentine

Lacs de Corse
U PARADISU

Textes et photographies : Martial Lacroix et Francis Burelli

Photographies : François Balestriere

Avec la participation d'Antoine ORSINI
et Christophe MORI, Hydrobiologistes à l'Université de Corse

Éditions Clémentine

© Clémentine/JBCarto

Lacs de Corse

Les lacs insulaires, en germe dans la glace géologique, illuminent aujourd'hui la montagne de Corse. La glaciation a construit de superbes miroirs, où la douceur des plans d'eau contraste avec la rugosité du décor. Sur l'onde liquide, se développe un jeu infini de lumière, provoqué par la réflexion, la diffraction et la réfraction de l'onde lumineuse. Le but de l'ouvrage n'est pas de conduire quiconque à la recherche des passages qui mènent au bonheur de leur contemplation, mais de saisir par l'objectif numérique, donc par l'image les beautés naturelles intérieures de l'île.

Il s'agit d'établir un inventaire des lacs d'altitude, dont certains sont saisonniers, c'est-à-dire éphémères, pour pénétrer dans le monde de la magie lacustre, où s'imposent à la fois l'ordre et le désordre, la mesure et la démesure. Au cœur de la Corse, celle du dedans, les lacs aux eaux bleutées et froides, véritables joyaux vivants, ornent les sommets.

Fréquentés dès la préhistoire, quelques lacs dont celui de Melu, étaient connus de l'homo sapiens local. Cependant, les cartographes anciens, ceux du XVIIe siècle, limitaient leur représentation graphique à un ou deux lacs, le plus souvent Nino (Ninu) et Crena.

De nos jours, la cartographie moderne aérienne a repéré la plupart d'entre eux, en laissant dans l'ombre quelques magnifiques pièces d'eau, toutefois collectionnées dans cet ouvrage.

Les scientifiques se sont intéressé à ces milieux naturels riches en espèces endémiques, notamment à travers les études réalisées par l'Université de Corse (lire par ailleurs le diagnostic du professeur A. Orsini). Tous ces biotopes, plus fragiles qu'une porcelaine, sont menacés par la dégradation climatique et la fréquentation humaine.

En prévision de leur sauvegarde, la Réserve Naturelle du Monte Ritondu a été adoptée en 2017. Elle est destinée à mettre sous surveillance et protection douze des principaux lacs qui ceinturent le Ritondu.

Il convient donc, si le lecteur souhaite pénétrer dans ce sanctuaire, de se renseigner auprès du Parc Naturel Régional de Corse ou de l'Office de l'Environnement concernant les interdictions.

On chaussera les bottes de sept lieues aux « semelles de vent » pour admirer ces merveilles éparpillées sur les différents massifs avec un classement des lacs par altitude, du haut vers le bas, et découvrir ainsi les archives de la glaciation, rangées sur étagères.

Au total soixante huit lacs recensés, incrustés sur un serpentin rocheux qui ondule du massif du Cintu au Monte Rinosu en traversant le Monte Ritondu qui regroupe les plus beaux spécimens.

Les lacs ne sont pas là par hasard, ils se sont installés à demeure il y a fort longtemps pour notre plus grand plaisir. Allez les voir si vous pouvez, ou bien découvrez-les, en feuilletant ce livre, mais quoi qu'il advienne, respectez-les.

Sommaire

1 - Lac de GALERA : 2442 m - Lac dominant p6
2 - Lac de POZZOLU : 2350 m - Lac kaléidoscope p7
3 - Lac de SCAPICCIOLI : 2338 m - Lac masqué p8
4 - Lac de CRUCETTA Supranu : 2335 m - Lac névé p12
5 - Lac de BELLEBONE : 2321 m - Lac géant aux trois noms p14
6 - Lac MANICCIA : 2310 m - Lac météo p22
7 - Lac d'ARGENTU : 2300 m - Lac perle p24
8 - Lac de LANGONE ou MAGGIORE : 2300 m - Lac papillon p26
9 - Lac du CINTU : 2289 m - Lac majesté p30
10 - Lac de CRUCETTA Suttanu : 2280 m - Lac paisible p36
11 - Lac de SCAFONE : 2261 m - Lac cuvette p37
12 - Lac de RAZZINU Supranu : 2260 m - Lac précurseur d'un géant p38
13 - Lac de RAZZINU Suttanu : 2250 m - Lac compagnon p40
14 - Lac de GHIARGHE ROSSE : 2180 m - Lac rouge p42
15 - Lac d'OCCHI NERI Supranu : 2170 m - Lac noir p44
16 - Lac d'OCCHI NERI Suttanu : 2150 m - Lac serein p45
17 - Lac di SETTE LAGHI : 2150 m - Lac protéiforme p46
18 - Lacs de BORBA : 2150/2100 m - Lac sombre p47
19 - Lac de RINELLA : 2130 m - Lac métamorphose p48
20 - Lac de BRACCA : 2090 m - Lac pomme p50
21 - Lac de BASTANI : 2089 m - Lac au coeur p52
22 - Lac de RINOSU Supranu : 2082 m - Lac goutte d'eau p56
23 - Lac de RINOSU Suttanu : 2065 m - Lac de la sérénité p58
24 - Lac d'ORIENTE : 2061 m - Lac sursitaire p62
25 - Lac de SORBU : 2060 m - Lac sauvage p68
26 - Lac de PORTE : 2040 m - Lac sublime p69
27 - Lac de TUMAGINESCA dit de L'Altore : 2033 m - Lac perdu p70
28 - Lac de BRACUCCIU : 2020 m - Lac satellite p71
29 - Le lac de CAVICCIOLI : 2015 m - Lac source p72
30 - Lac d'ORU Maio : 1970 m - Lac cristallin p74
31 - Lac de MANGANU : 1969 m - Lac obscur p78
32 - Lac ARINELLA Supranu : 1953 m - Lac ignoré p80

33 - Lac ARINELLA Suttanu : 1950 m - Lac de l'absence p81

34 - Lac de CIPRIANU, ou lac du Chiostru : 1940 m - Lac du berger..p82

35 - Lac de CAPITELLU : 1930 m - Lac saphir p84

36 - Lac de CURACCHIA Supranu : 1920 m - Lac étrange..p90

37 - Lac de NIELLUCCIU : 1919 m - Lac secret..p92

38 - Lac de CURACCHIA Suttanu : 1907 m - Lac de l'arche...p96

39 - Lac du TRINBULACCIU : 1900 m - Lac du cirque p98

40 - Lac du TRINBULACCIU : 1900 m - Lac des oiseaux...p99

41 - Lac de RINA Supranu : 1882 m - Lac du large p100

42 - Lac de TRIGGIONE : 1880 m - Lac évanescent...p104

43 - Lac de la MUVRELLA : 1855 m - Lac d'automne p106

44 - Lac de GORIA : 1852 m - Lac turquoise..p108

45 - Lac de LAVIGLIOLU : 1834 m - Lac secret p112

46 - Lac de CEPPU : 1820 m - Lac de l'oubli p113

47 - Lac de RINA Suttanu : 1806 m - Lac évanescent...p114

48 - Lac de CATAMALZI : 1800 m - Lac du froid..p120

49 - POZZINES de Pozzolu : 1800 m - Lacs disparus..p122

50 - I POZZI : 1783 m - Lac perforé p124

51 - Lac de VITALACA : 1777 m - Lac vertige p130

52 - Lac de NINU : 1743 m - Lac miroir...p134

53 - Lac de MELU : 1711 m - Lac vedette...p144

54 - Lac d'ALZETA : 1700 m - Lac intermittent..p152

55 - Lac de STAGNU : 1654 m - Lac du skieur...p156

56 - Lac de CURACCHIA (i Pozzi) : 1645 m - Lac insolite..p158

57 - Lac de CURACCHIA (Pozzu aval) : 1640 m - Lac biotope p162

58 - Le petit lac d'ORU, dit de Cavalle Recce : 1563 m - Lac égaré...p164

59 - Lac de GHJALIGHETTA PIANA : 1523 m - Lac plat..p165

60 - Le Coscione : 1500 m - Lac plateau...p166

61 - Lac du PAGLIA ORBA : 1365 m - Lac reflet p174

62 - Lac de CRENA : 1310 m - Lac nénuphar p176

63 - Lac ARATE : 1162 m - Lac aux immortelles p180

64 - Lac de LEVINA : 1160 m - Lac du Boziu p182

65 - Lac de CERIU : 1105 m - Lac fugace...p188

66 - Lac AGHJA SFUNDATA : 1103 m - Lac patinoire p189

67 - Lac POZZU di PADULE SECCA : 1029 m - Lac asséché p192

68 - Lac de PANTANU : 591 m - Lac non glaciaire..p193

Lac de GALERA : 2442 m
Lac dominant

Le lac est inséré sous le sommet en versant nord du massif du Ritondu qui culmine à 2622 m. Il reste enneigé très longtemps et nous avons même eu la chance de le skier fin Juillet 2013. Un sommet éponyme vers l'ouest (2520 m), surplombe ce petit lac, alors que la Punta Muvrena barre l'horizon au sud. D'un accès peu commode, il est intercalé entre le lac d'Oriente et le Ritondu, en retrait de la voie normale. Pour y accéder, suivre quelques cairns vers le sud-ouest pour découvrir le plus haut lac de l'île. Le départ se fait de la vallée de la Restonica, au pont de Timozzu, à 1030 m d'altitude.
Le panorama vers le nord vous fera découvrir le massif de Cima i Mori ainsi que le modeste San Pedrone reconnaissable à son sommet carré. Préparez-vous tout de même à gravir 1500 m de dénivelé.

Lac de POZZOLU : 2350 m
Lac kaléidoscope

Toujours dans le massif du Ritondu, Pozzolu se trouve en face est, une quarantaine de mètres plus bas que son plus proche voisin, Galera. Il est par conséquent niché très haut dans la vallée du Riviseccu. C'est une pièce d'eau remarquable, aussi sublime qu'inconnue, aux reflets symétriques éblouissants, provoqués par la fantaisie d'un kaléidoscope naturel géant. Il est amarré à un balcon face au puissant Monte Cardu qui règne sur le Venacais.
Cette vallée sauvage et qui entend bien le rester, était une des rivières préférées du célèbre grimpeur Patrick Edlinger, qui adorait venir taquiner la truite en ces lieux reculés. Le départ de cette longue randonnée se trouve dans la Restonica, au pont de Riviseccu à 750 m d'altitude, en amont du camping de Tuani.
A noter au cours de l'ascension, le passage aux bergeries de Riviseccu, où transhume encore un berger, puis à celles de Spiscie (en ruine) dont la cascade et les microscopiques pozzines présentent un grand intérêt.
Dominant le lac, le "Fer de lance" appelé « U Frate » en corse, est situé sur la crête vers l'ouest. Ce col permet de changer de versant si l'on a décidé d'aller contempler le lac du Ritondu. Le monte Pozzulu surplombe le lac à une altitude de 2525 mètres soit la même hauteur que le sommet emblématique du Paglia Orba.

C'est encore dans le massif du Ritondu, mais à proximité immédiate de la Maniccia (2496 m), que l'on découvre ce minuscule lac, indissociable de son petit frère, celui de Caviccioli. Souvent, les montagnards les confondent, étant situés dans le même vallon débouchant sur la magnifique cascade de Grotelle.

Il s'agit donc d'un affluent de la Restonica, son accès est difficile voire risqué par temps de pluie, ce qui explique sa faible fréquentation. Visible depuis la Maniccia, il est masqué pour la plupart des autres sommets alentours.

La célèbre course "Inter lacs", ayant donné naissance à tous les trails d'aujourd'hui, empruntait cet itinéraire redevenu sauvage (et c'est heureux ainsi).

L'hiver, la descente de ce vallon perpendiculaire à la Restonica, reste un must du ski de randonnée. Mais c'est au printemps que resplendit l'œil bleu du lac.

Scapiccioli à gauche, Caviccioli à droite en contrebas et Capitellu au centre

4 Lac de CRUCETTA Supranu : 2335 m
Lac névé

Les deux petits lacs de Crucetta ont élu domicile très haut, blottis dans la roche rhyolitique rouge. Ils étaient à l'écart des sentiers traditionnels, si bien qu'ils se trouvaient autrefois isolés, disons perdus dans le chaos détritique qui culmine au sommet de la Punta Crucetta à 2499 m.

Ce n'est plus le cas aujourd'hui, depuis la modification du tracé de grande randonnée qui passe à proximité des lacs.

Celui de Crucetta supranu (amont) à 2335 m s'étend sur une superficie de 300 m2 pour une profondeur moyenne de 2 m. Un superbe panorama se développe vers le nord, sur l'horizon marin, où s'étire la baie de Calvi.

En contrebas le lac de Crucetta suttanu (aval) plus petit, corrige en partie l'aridité sévère de la roche, par l'eau qui suinte au printemps, avant qu'elle ne se fige aux neiges d'hiver.

Pour rejoindre ces lieux, plongés dans une solitude merveilleuse, il n'y avait aucun chemin tracé, mais une aventure solitaire ou partagée, pour un voyage à vue sur les pentes occidentales de la cordillère du Cintu. Le changement est radical avec le nouvel itinéraire du GR.

Lac de BELLEBONE : 2321 m
Lac géant aux trois noms

Lac géant aux trois noms, Ritondu, Bellebone, ou Bettaniella, il somnole au pied de la face sud du Monte Ritondu. Il présente une particularité surprenante : sur une de ses rives s'est développée une plage sablonneuse, la plus haute de Corse, qui ne manquera pas de satisfaire la curiosité du visiteur.

Autre record, avec une surface de 75 000 m2 pour un volume estimé à 1 700 000 m3, il s'agit de la plus grande réserve d'eau douce naturelle de Corse voire des îles de Méditerranée. Merci le glacier !

C'est après le lac du Capitellu, sondé à moins 42 m, le lac le plus profond avec 35 m.

Voici les codes d'accès au lac : Par bocca Tribali, via les bergeries di e Murraccioli, ou par Timozzu.

Du lac un sentier rejoint, en contrebas le refuge de Petra Piana, qui peut constituer une belle halte pour une nuit sous les étoiles, en prévision de l'ascension du Ritondu, longtemps considéré comme le sommet le plus haut de l'île, avant l'arrivée des systèmes de mesures modernes.

Le cirque qui abrite Bellebone est impressionnant avec en arrière plan la Paglia Orba et le Cintu

Un angle différent pour profiter de cette merveille

L'exceptionnel environnement des montagnes qui bordent Bellebone

Lac MANICCIA : 2310 m
Lac météo

La Maniccia est un sommet emblématique pour les skieurs alpinistes. A ses pieds, une pièce d'eau temporaire brille au soleil printanier. À proximité, la station météorologique automatique nivôse, surveille le climat local, par la mesure permanente du vent, de la température et de la hauteur de neige. Le petit lac est installé sur un balcon avec vue plongeante sur le Monte d'Oru sommet gravi par quelques célébrités d'antan, comme le prince Roland Bonaparte au XIXème siècle.

Le 8 Février 2003, cette montagne au relief lunaire, a failli être le théâtre d'un drame, en raison d'une gigantesque avalanche provoquée par le poids des skieurs qui dévalaient la pente ouest. Heureusement, grâce à une intervention rapide de l'hélicoptère et des secours en montagne, les trois skieurs furent extraits de la neige rapidement. Deux années plus tard, presque jour pour jour, une nouvelle coulée ensevelissait un guide et ses clients à la sortie du cirque des cascades dans le vallon du Rinosu, heureusement sans gravité.

7 Lac d'ARGENTU : 2300 m
Lac perle

Bien que de taille réduite, (1000 m2 tout de même) c'est un lac, que justifie son appellation selon IGN. Une bonne raison pour citer ce doux nom. Au pied de la raide et austère face ouest du Cintu, culminant à 2706 m, cette petite réserve d'eau, est une oasis liquide improbable, au milieu d'un désert minéral et caillouteux. Bien visible du sommet, le lac peut néanmoins être confondu, avec de petites pièces d'eau, localisées près du col de Borba.
Le nouvel itinéraire du GR 20 côtoie l'endroit, qui sommeillait tranquillement loin du monde, jusqu'au changement de tracé, intervenu suite à la catastrophe des Cascitone (Cirque de la Solitude) qui fit sept victimes en 2015.

Lac de LANGONE ou MAGGIORE : 2300 m
Lac papillon

Ce grand lac, de près d'un hectare appelé Lavu Maio, se cache sous Capu Bardatu au fond de la vallée de la Ruda. Inséré dans le socle rocheux, il reflète sur l'eau ridée, les ciels polychromes, quelquefois zébrés par des nuages irascibles, dont le bruit trouble le silence d'un huis clos absolu.

Sa forme étrange est sans équivalent dans la montagne insulaire. Elle dessine le chiffre 8 renversé symbole de l'infini. On peut y voir aussi le contour d'une arachide ou d'un gigantesque papillon égaré sur les monts décharnés.

Plus loin, en direction de l'est, s'égrène un cortège de trois petits lacs superbes, ceux de Ghiarghe Rosse et d'Occhi Neri, qui font face à l'alignement des chaînons lointains du San Pedrone et du Ritondu. Pour contempler cette parure de diamants, les randonneurs s'armeront de patience, car un dénivelé de 1500 m les attend, au départ du charmant village de Corscia à 900 m. Sur le trajet, les superbes bergeries d'Urcula et son immense « compulu » (enclos) pourront constituer un camp de base idéal, pour la nuit, à moins d'opter pour un bivouac sous les étoiles sur le plateau de Terra Corscia.

Ambiance lunaire

Lac du CINTU : 2289 m

Lac majesté

Ce lac est également resté plus ou moins dans l'anonymat, excepté pour les prétendants à l'ascension du Monte Cintu bien entendu, avant que le nouveau tracé du GR 20 ne borde cette merveille naturelle.
Au pied du Capu Falu (2540 m), il constitue un point de passage intéressant pour les randonneurs ayant gravi le toit de la Corse. Nous recommandons d'ailleurs d'y passer lors du retour, pour éviter un passage désagréable, au niveau des éboulis instables…
Au printemps, avant que la neige ne disparaisse complètement, vous pourrez voir le couloir Wodl enneigé, qui fait le bonheur des skieurs de pentes raides.
On peut remarquer au milieu des pierriers de gros blocs rocheux, laissant penser à un éboulement assez récent (à l'échelle du temps), et justifiant ainsi l'appellation de Pointe et Col des "Eboulis" mais dont le vrai nom est Punta Crucetta, selon le toponyme insulaire. Sa profondeur est de 15 m au maximum.
Ce lac superbe circulaire est marqué par une couleur changeante au gré de la nébulosité. À la belle saison, la fréquentation est faible au départ du refuge de l'Ercu, il s'endort ensuite, placé en hibernation, sous une épaisse couche de glace et de neige, pendant au moins six mois.

L'univers minéral du Ciuntrone, abrupt et beau

Vue du Capu Tafunatu, on voit au loin Scandola

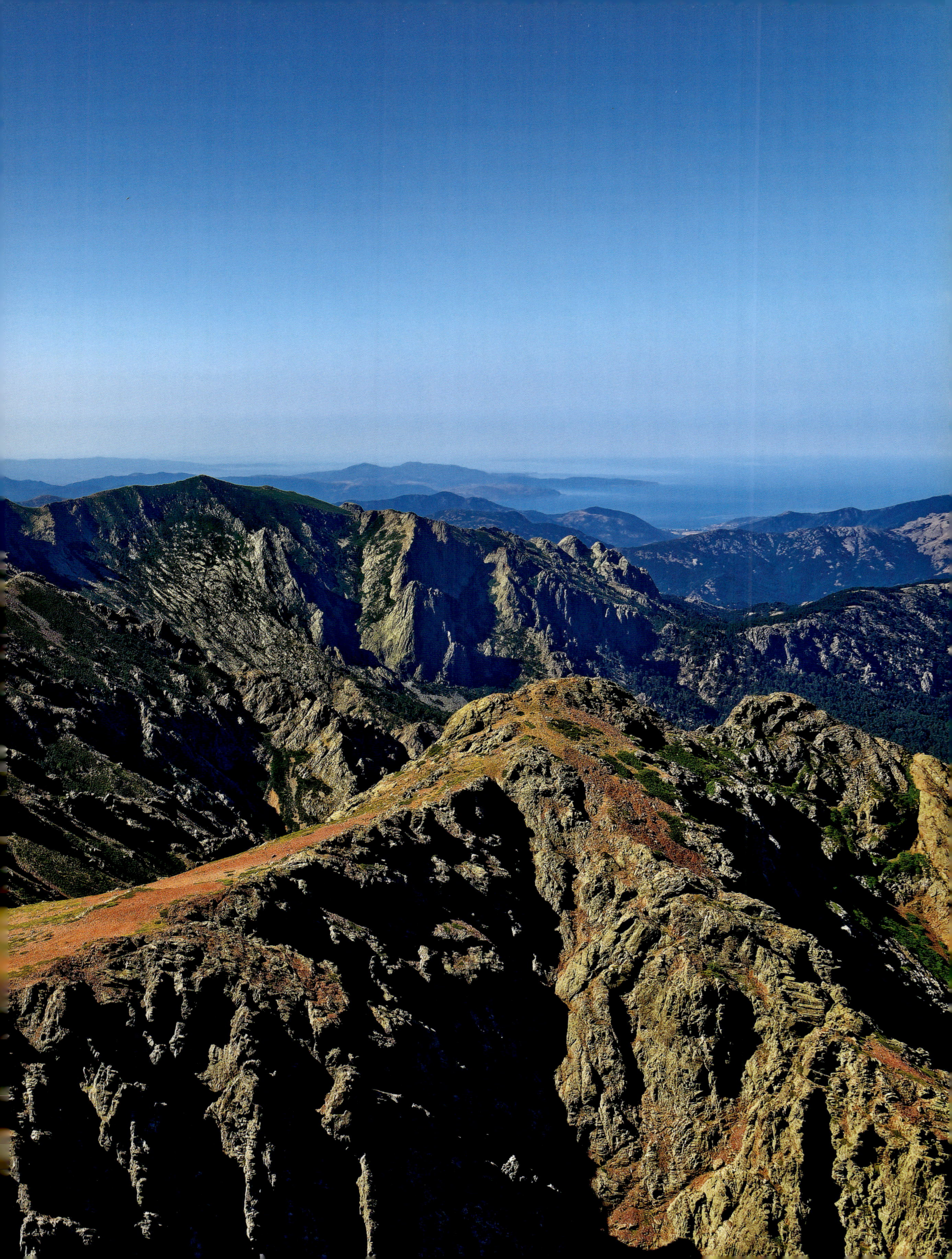

10 Lac de CRUCETTA Suttanu : 2280 m
Lac paisible

C'est le lac benjamin du site de Crucetta, longtemps sous la neige, dont il se libère à l'approche de l'été pour resplendir en symphonie tricolore, rouge, blanc et bleu. Autrefois isolé, il est de nos jours sur le GR des randonneurs. En effet, suite à la « déviation » du célèbre grand chemin, les marcheurs peuvent apercevoir la petite pièce d'eau à l'ouest de la crête reliant Punta Crucetta à Bocca Crucetta. Mais bien souvent, pour répondre à la nouvelle mode du trail en montagne, les forçats de l'effort ne prennent même plus le temps de contempler ces lacs entourés de pointes acérées, qui retournent vers l'oubli à l'issue de la saison touristique !

Lac de SCAFONE : 2261 m
Lac cuvette

Le minuscule lac de Scafone s'étire dans un amoncellement de roches, aux abords du lac géant de Betaniella. Le contraste est saisissant entre le bleu paisible de l'eau, et le gris des cailloux cabossés. De taille modeste, il décore le désert rocheux qui l'entoure.

Au Sud du grand lac de Betaniella, la petite pièce d'eau résiste encore aux canicules successives, provoquées par le réchauffement climatique.

Elle est cernée par le Ritondu, sommet rétrogradé en troisième position par des mesures scientifiques précises. Punta Mufrena et la Maniccia ferment le grand bassin versant qui surplombe le site de Vallo di Petra Piana et son refuge éponyme.

12 Lac de RAZZINU Supranu : 2260 m
Lac précurseur d'un géant

Sous le grand lac du Ritondu, sur l'itinéraire venant de bocca Tribali, on traverse un trio de petits lacs aux lieux dit Razzinu et Scafone. Trois frères regroupés dans une ambiance de haute altitude dont, le lac de Razzinu Supranu enfoncé dans un enchevêtrement de rocs.

La pièce d'eau est modeste tout en ayant le statut de lac, car toujours en eau quelle que soit la saison, alimentée en permanence par le lac géant Bellebone qui se trouve juste en amont.

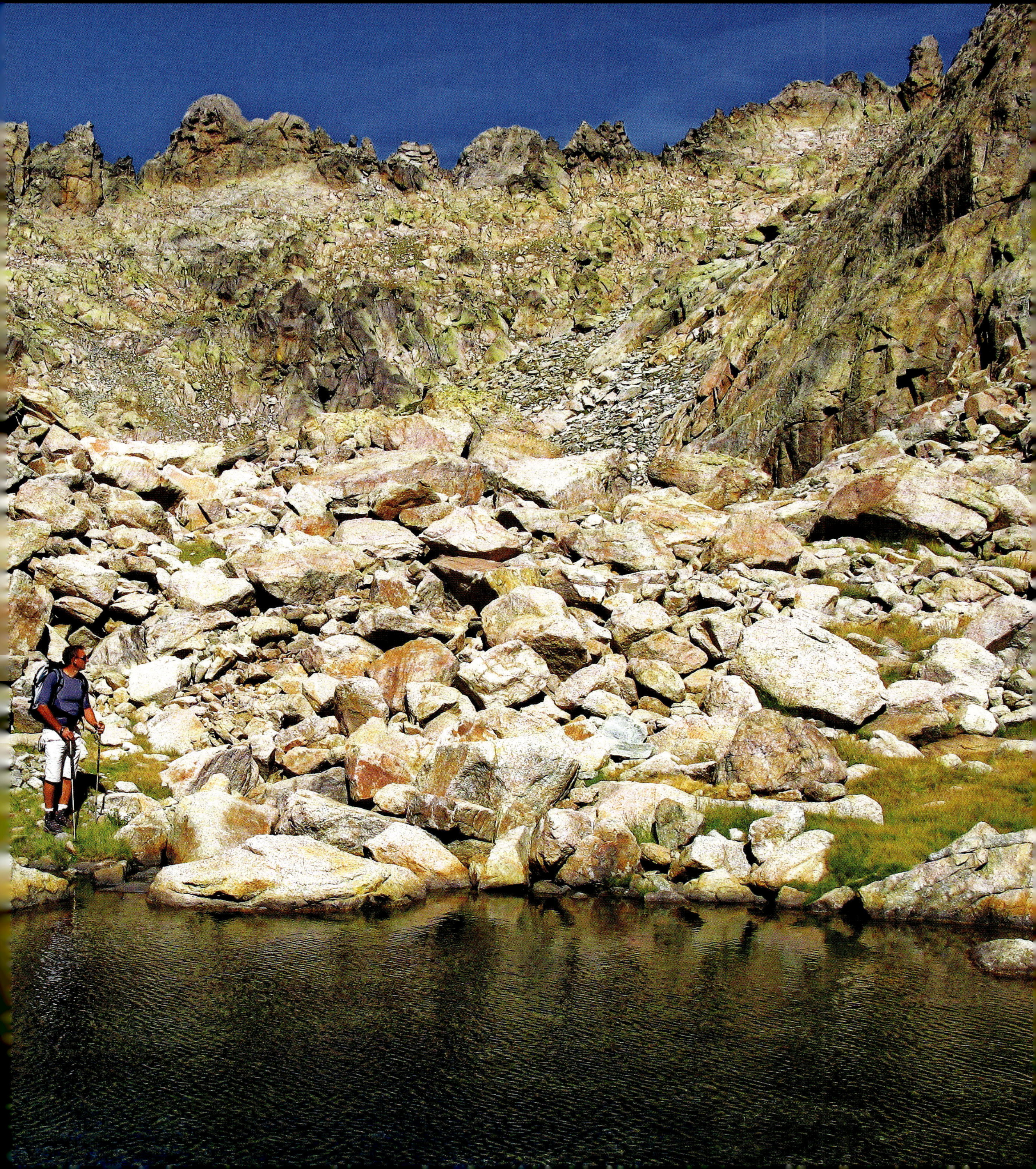

13 Lac de RAZZINU Suttanu : 2250 m
Lac compagnon

De forme allongée, il se trouve dans un écrin composé de pozzine et de roches, ce qui lui confère un caractère de douceur surprenant dans une montagne torturée, érodée, encombrée d'une myriade d'éboulis. C'est le lac compagnon de son jumeau le Supranu.

Le sommet de Petra Niella et ses 2316 m, constitue un belvédère remarquable pour contempler les lacs de Razzinu, Scafone et Bellebone. L'approche par les bergeries de Murracioli est un itinéraire original et sauvage, assez bien balisé par des cairns.

Les bergers et leurs troupeaux venaient ici à l'estive en transhumance, depuis la plaine orientale, que l'on distingue très bien vers l'est.

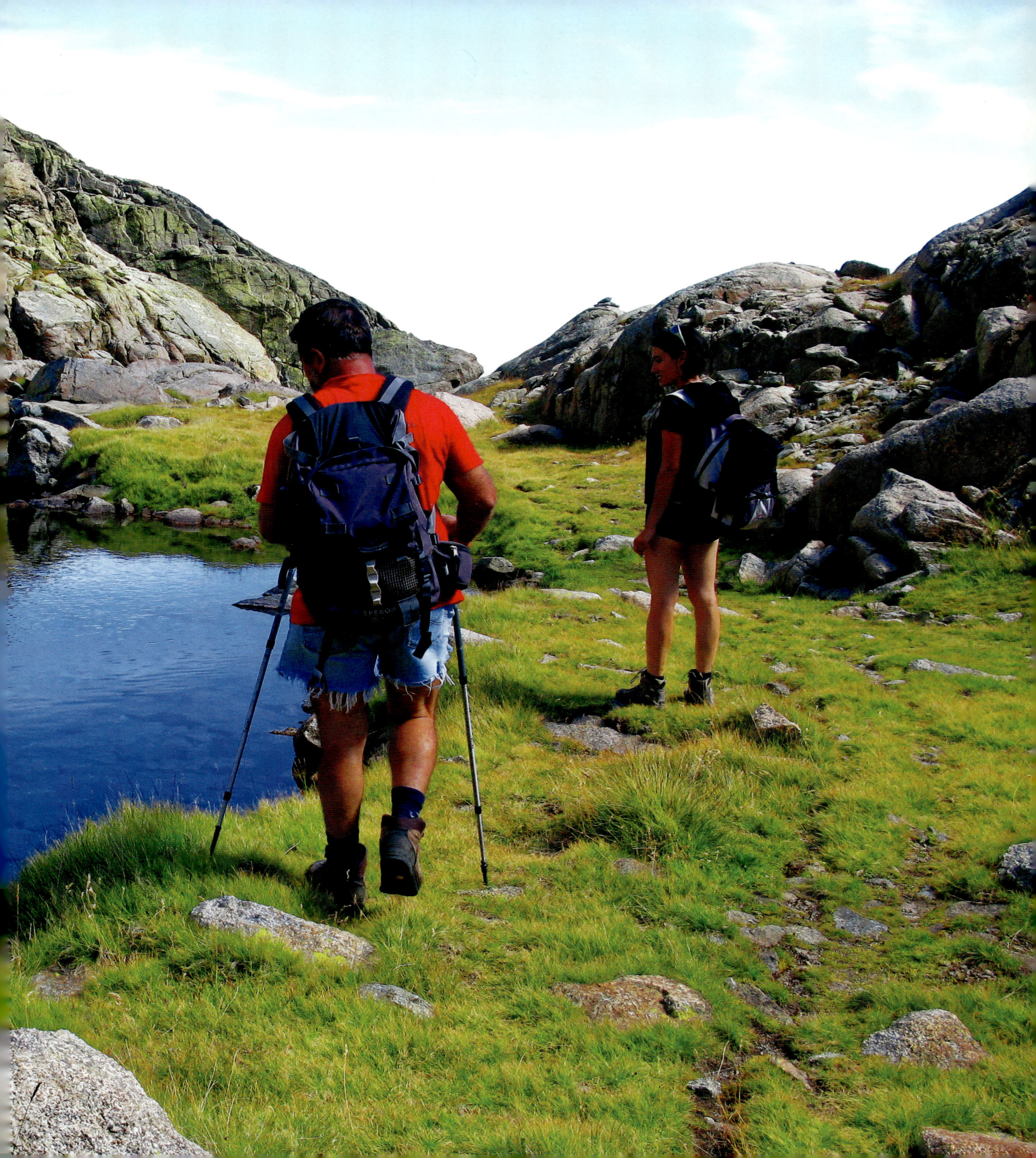

14 Lac de GHIARGHE ROSSE : 2180 m
Lac rouge

Ancrée dans une solitude totale, l'eau dormante du lac est caractérisée par un pléochroïsme fascinant. Ghiarghe Rosse se traduit « par ruisseaux rouges », longueurs d'onde qui rougeoient le terrain où reposent les lacs.

À l'est rien de nouveau, le chaînon alternatif Cardu – Rotondu, s'étire inexorablement, tandis qu'à l'ouest c'est le Capu Biancu et Bocca (col) Biancu qui ferment l'horizon. Culminant à 2562 m, le « Mont-Blanc Corse » nous a toujours fasciné, au point d'aller skier ses pentes secrètes. Moins populaire que son homologue alpin, il demeure néanmoins l'un des géants de l'île !

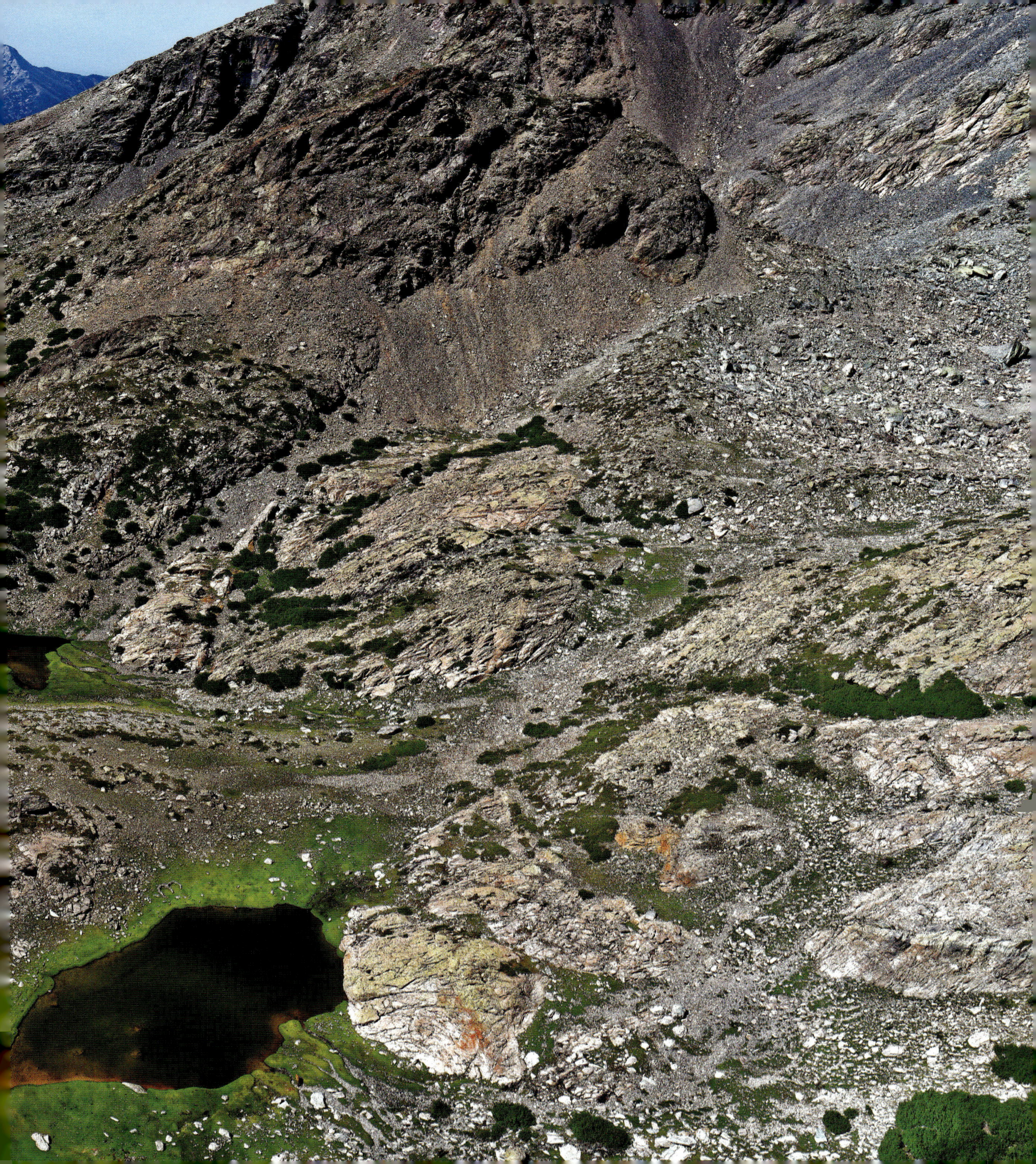

15 Lac d'OCCHI NERI Supranu : 2170 m
Lac noir

Un lac minuscule de faible profondeur dont la beauté fascine. Il est dominé par les parois sévères et dénudées du Capu Biancu. L'appellation Occhi Neri, qui figure sur les cartes, fait référence au pluriel d'Oghju Neru qui signifie la résurgence ou source noire aussi désignée par œil noir.

16 Lac d'OCCHI NERI Suttanu : 2150 m
Lac serein

Lac confetti, parfois asséché, squelette d'une étendue autrefois plus vaste Occhi Neri inférieur est positionné à l'aval du lac supranu. Amorce de sa disparition programmée, il est menacé à terme, par le comblement des cailloux, qui auront le dernier mot. A proximité, dans la sérénité des lieux, une source murmure faiblement.

17 Lac di SETTE LAGHI : 2150 m
Lac protéiforme

À 2150 m d'altitude, sous la pointe dite des Sept Lacs, se cache en retrait un petit lac dont on ne soupçonne pas l'existence. Il s'étire dans plusieurs directions comme les tentacules d'un poulpe. Sa faible profondeur le classe probablement dans la catégorie des lacs dits temporaires.

Situé en dehors des itinéraires classiques, c'est au départ des bergeries de Grotelle que l'on peut le rejoindre, par la brèche de Sorbu, avec comme objectif final la Pointe des 7 lacs.

En contre bas, dans le ravin qui file vers le Tavignanu, vue admirable sur le vallon du lac de Goria, doublée d'une remarquable perspective sur la haute et large vallée du Camputile (Haut Tavignanu) dominée par la Pta Artica, sommet majeur de la région.

18 Lacs de BORBA : 2150/2100 m
Lac sombre

Du col de Borba, par le vallon de Manica, on rejoint deux pièces d'eau miniatures alimentées par les névés tardifs de la face nord du Ciuntrone. Les deux lacs se trouvent juste sous celui d'Argentu. Un lieu sauvage et solitaire, qui abrite un premier lac tapi dans l'ombre géante du Ciuntrone, second sommet de l'île. A proximité, une marre complète l'ensemble.

19 Lac de RINELLA : 2130 m
Lac métamorphose

Dans le superbe vallon de Manganu, où se trouve le refuge du même nom, le petit lac de Rinella subit une métamorphose radicale au cours des saisons : sous une épaisse couche de neige en hiver, il mue au printemps en nappe liquide, puis à sec l'été quand l'eau s'évapore, il dévoile sa nudité aride. Il se réhydrate dès l'automne avant l'hivernage glacé, au cours d'un cycle qui se renouvelle sans cesse, jusqu'à la fin des temps, comme celui de Sisyphe.

Lac de BRACCA : 2090 m
Lac pomme

Le lac de Bracca est remarquable par son dessin, c'est-à-dire par sa forme si particulière qu'il imprime sur le flanc nord de Punta Capanella. En effet, dès que l'on domine le plan d'eau, la beauté de sa géométrie crève l'écran, dévoilant une forme de pomme, aux bleus éclatants, qui s'étale dans un environnement minéral, habillé par le vert des bouquets d'aulnes qui le ceinturent en partie.

Installé dans un berceau de roches à grenats, il est divisé en deux parties inégales, séparées par un isthme, qui s'avance dans des eaux limpides. Les pentes supérieures sont décorées par le jaune des superbes fleurs doroniques (Doronicus corsicus), sorte de grosses marguerites endémiques à la Corse.

L'hiver, ce lieu que l'on rejoint à partir de la station de ski de Ghisoni Cabanella, est prisé pour le ski alpinisme.

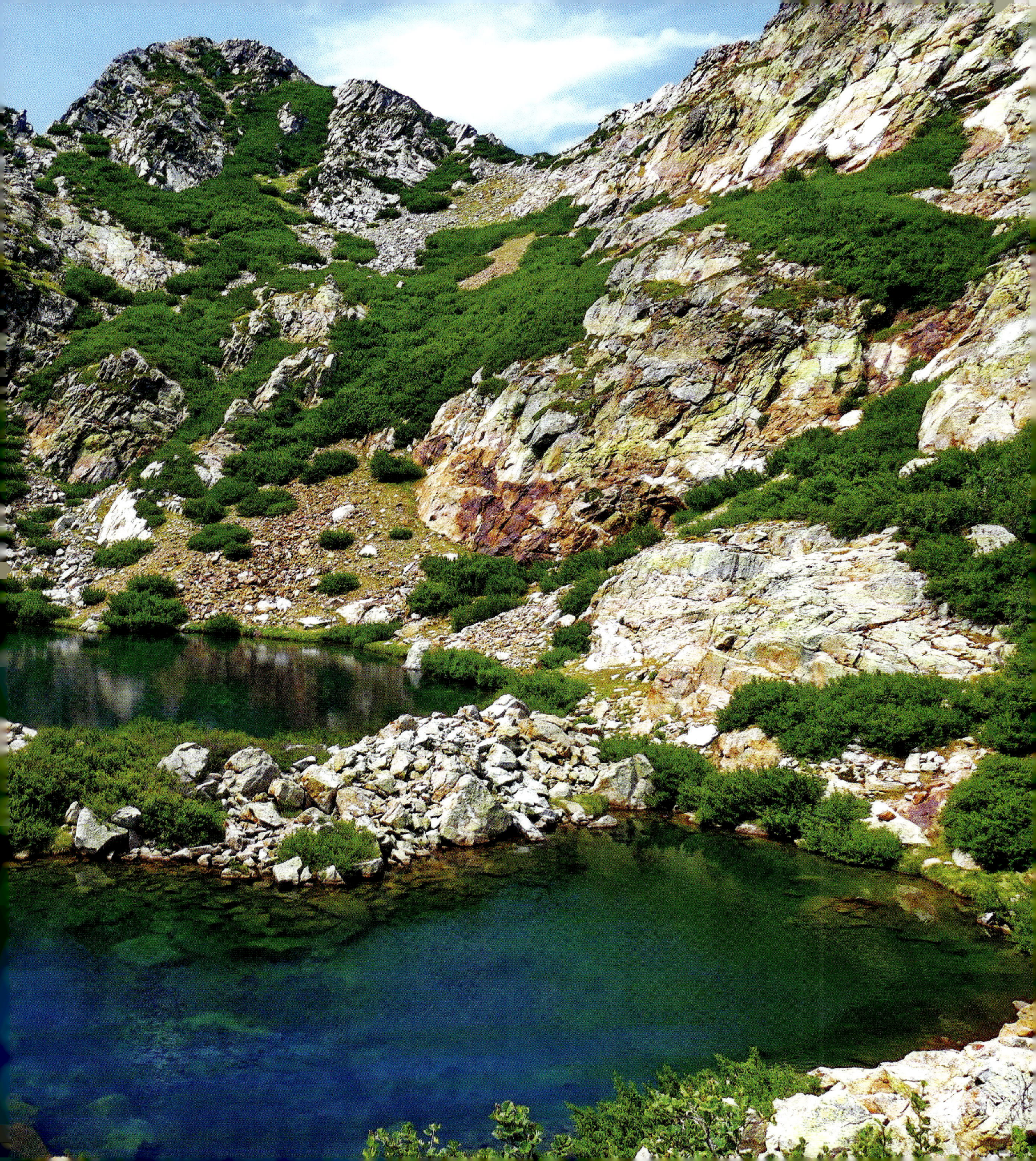

21 Lac de BASTANI : 2089 m
Lac au coeur

C'est le grand lac (44 000 m2) du Monte Rinosu, sommet hissé à 2352 m, point culminant de la Corse sudiste. Le lac repose dans un biotope d'exception, qui s'ouvre sur les rivages d'orient, où s'impriment par temps clair les îles de Monte Cristo et de Giglio.

Le lac si particulier, intrigue par la couleur changeante de ses eaux qui virent du vert émeraude au bleu aigue-marine. Selon les scientifiques, la couleur verte serait la conséquence d'une activité planctonique importante, provoquant une eutrophisation qui l'entraînera à sa perte. De la petite plage qui borde sa partie sud, la couleur bleue prédomine. C'est un lac bichrome ou dichroïque, aux eaux pures où s'engloutissent en s'inversant, les monts alentours.

Vu de la chaîne de montagne qui le cerne et le domine, il déploie une forme de cœur très caractéristique. On aime Bastani, lac d'amour.

Facile d'accès depuis la station de Ghisoni, il est très fréquenté à la belle saison par les randonneurs qui, l'hiver, cèdent la place aux skieurs.

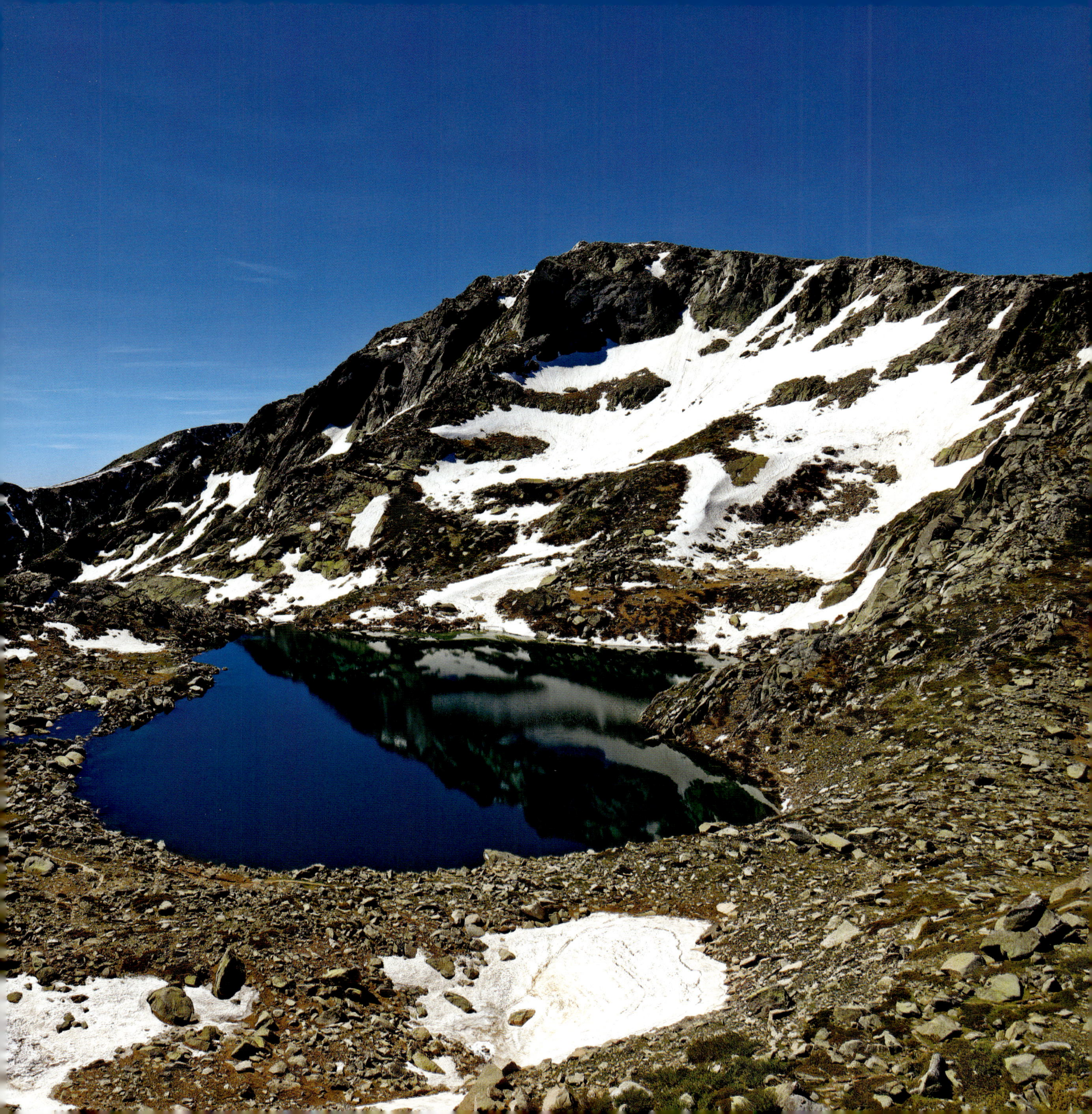

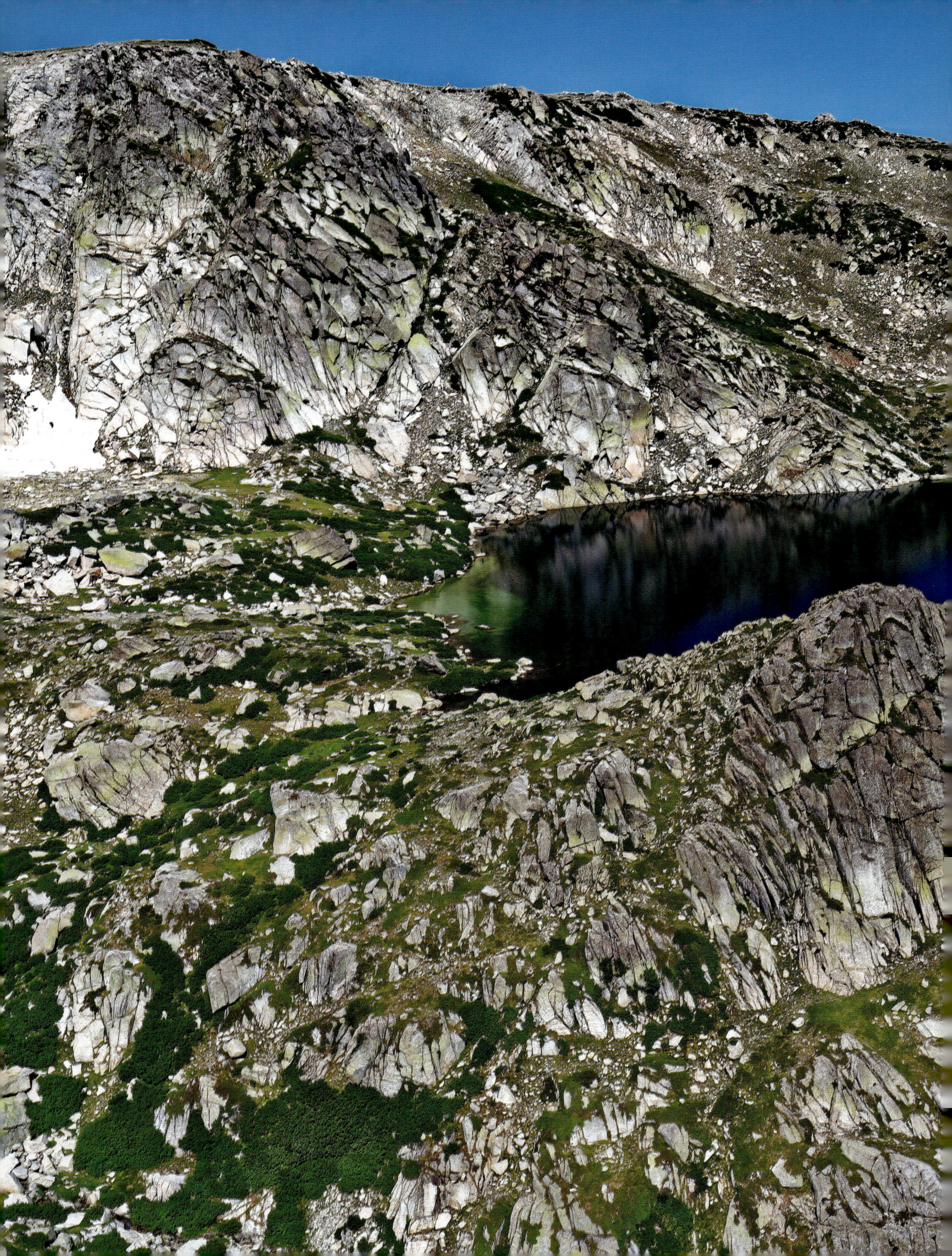

Le grand lac de Bastani dans son berceau rocheux

22 Lac de RINOSU Supranu : 2082 m
Lac goutte d'eau

Dans le vallon du cirque des cascades, en versant nord de la Punta Muzzela, sous le chemin du GR, brillent les deux beaux lacs de Rinosu, insérés dans un écrin pétrifié. Le plus petit domine le plus grand situé à proximité. Selon l'angle d'observation, il ressemble à une goutte d'eau géante échappée des larmes de la montagne en pleurs.

Le lac s'adosse à une falaise, puis s'ouvre tel un balcon géant sur l'immense pierrier de la Maniccia. Peu profond il est en partie envahit par des plantes aquatiques de même nature que celles du lac de Corraghja.

Le grand lac de Rinosu repose dans le calme d'un vaste amphithéâtre, où se détachent les parois verticales qui le séparent du lac de Melu. De forme triangulaire le bleu profond et calme du plan d'eau dégage une harmonie parfaite où se marient solitude et sérénité. Mais c'est au printemps, qu'il dévoile sa beauté unique, quand la neige qui longe les rives est colorée par la ceinture bleutée du dégel.

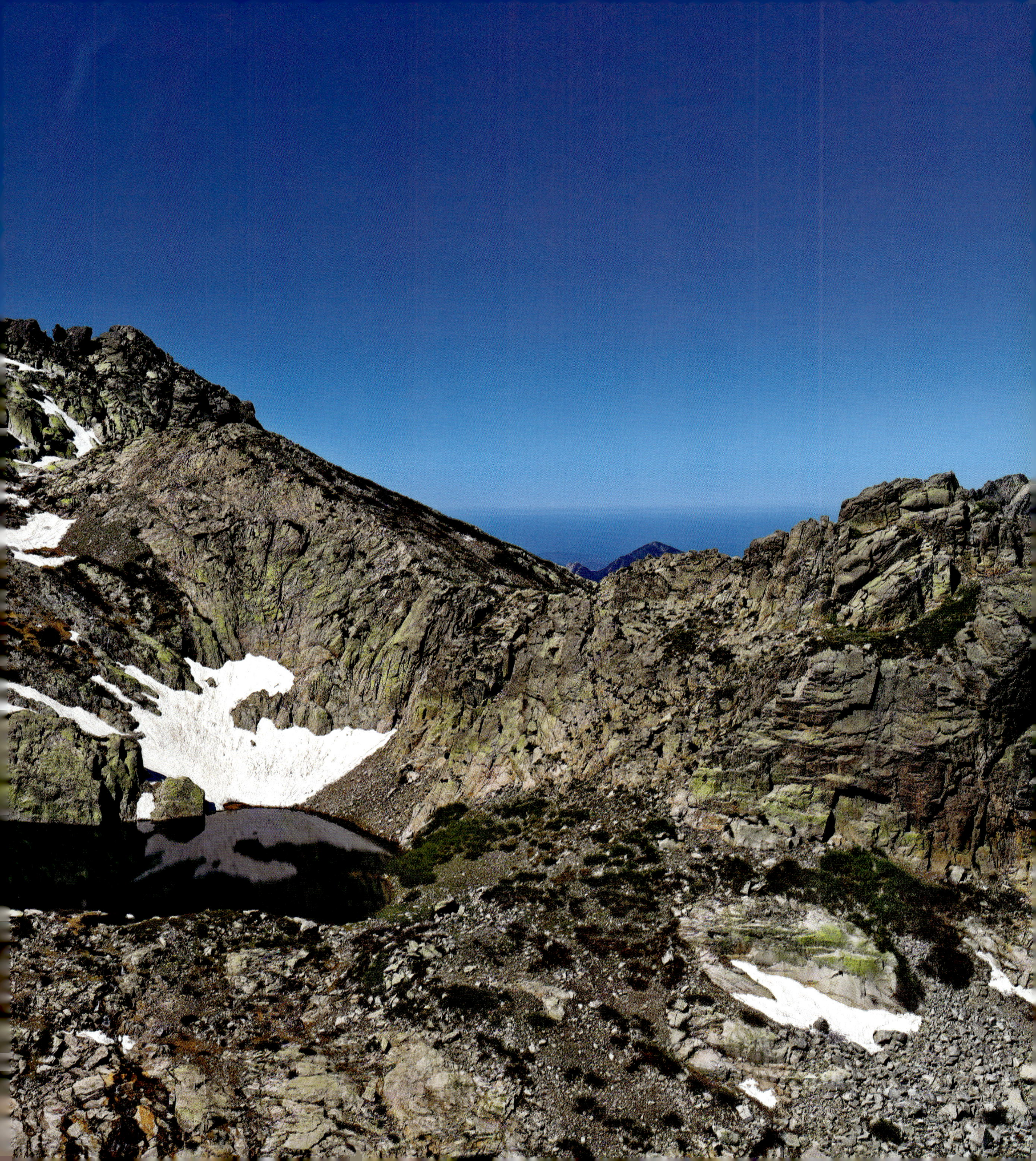

Magiques, les lacs de Rinosu

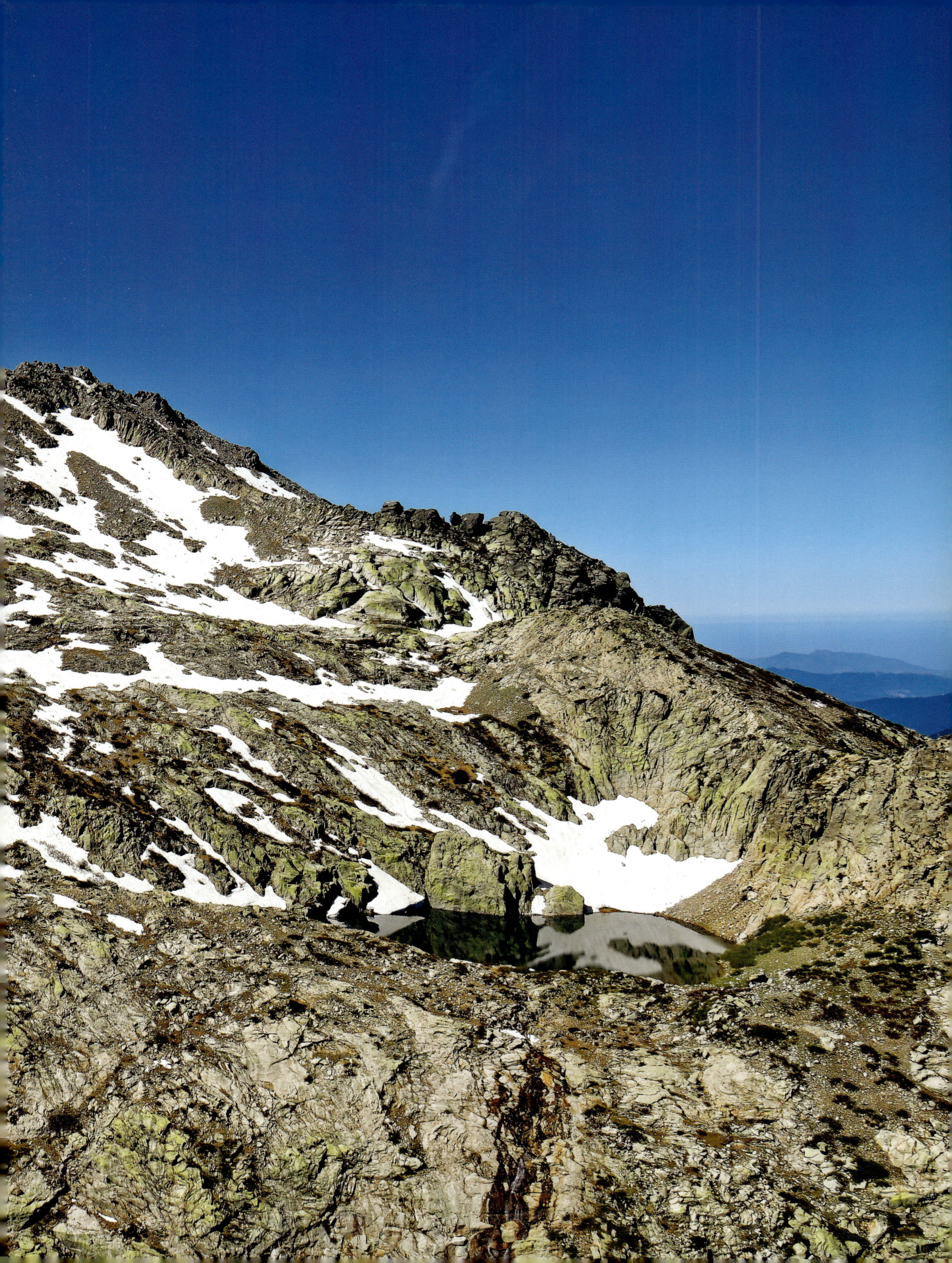

Lac d'ORIENTE : 2061 m
Lac sursitaire

Ces pozzines ne laisseront pas indifférents, les amateurs de photographies, et sans sombrer dans un pessimisme alarmant, ce lac fait partie de ceux qui sont en sursis !

Pourtant, second-bassin versant des lacs corses avec 133 hectares, sa profondeur maximale qui approche le mètre ne retardera pas sa disparition inéluctable.

Raison de plus pour respecter cet endroit et ne pas s'y baigner, à fin ne pas perturber l'écosystème.

Son approche emprunte la célèbre vallée de la Restonica, jusqu'au pont de Timozzu et les bergeries où "Patrone" fabrique encore de délicieux fromages, que vous pourrez acheter sur place, à la belle saison.

63

L'Oriente et ses pozzi

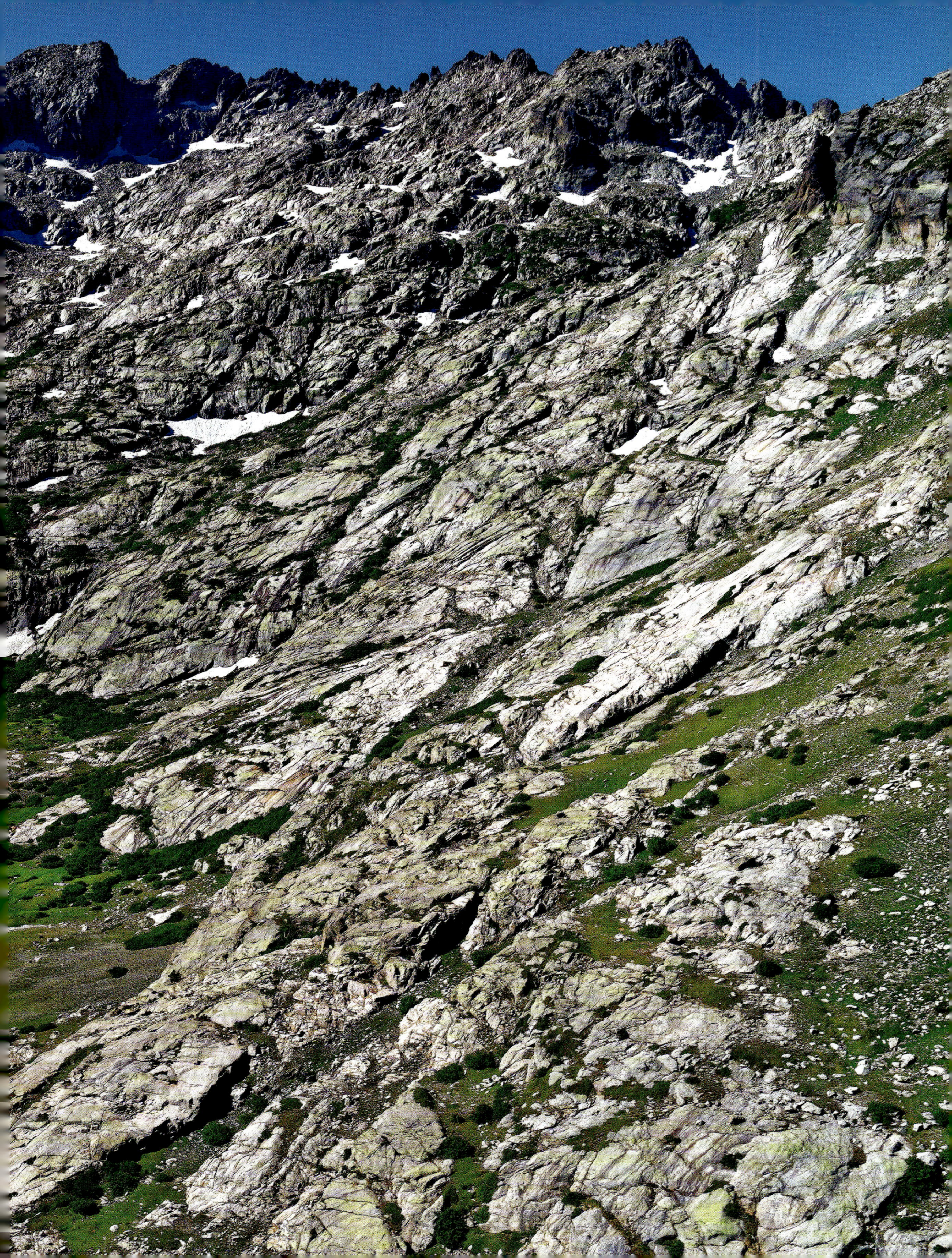

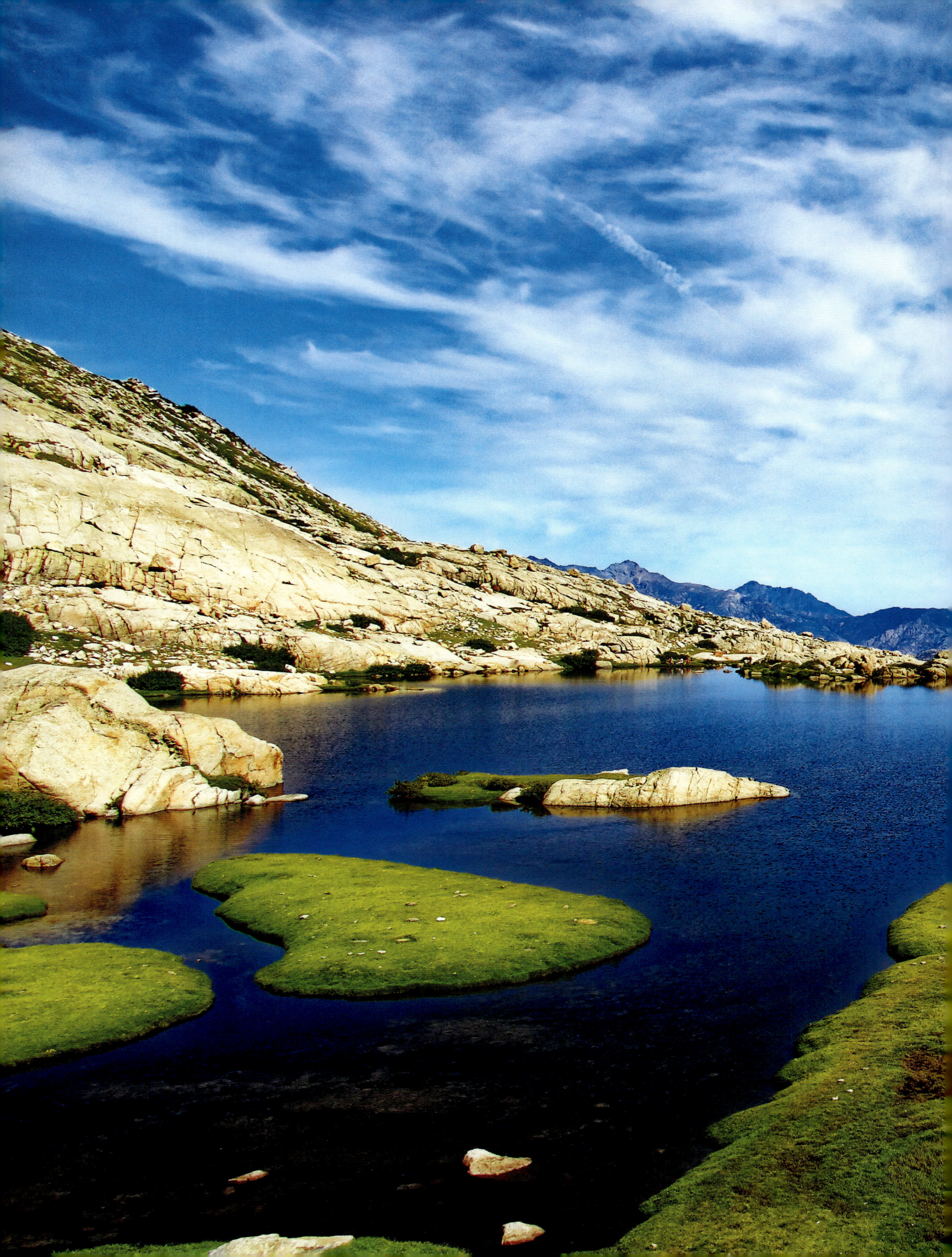

Le lac d'Oriente vu des pozzines

Lac de SORBU : 2060 m
Lac sauvage

Le lac de Sorbu est logé dans un beau cirque glaciaire au pied du Capu a i Sorbi (Sorbier de l'oiseleur) 2267 m. Il dort dans un lieu sauvage où règne une solitude absolue, troublée parfois, par de rares randonneurs, attirés par ce très beau lac bleu clair où résonnent les notes de Rapsody in Blu. Mentionné pour la première fois dans le guide Fabrikant, on y accède à partir du refuge de Manganu, ou par les bergeries de Lenze qui font face à celles de Vacaghju, non loin de la marre temporaire d'Acqua Ciarnente. Si on est en forme, on peut envisager un aller-retour depuis la maison forestière de Popaghja avec le Ninu au passage, ou encore par Grotelle et la haute vallée de la Restonica.

Lac de PORTE : 2040 m
Lac sublime

Un lac tout petit, mais exceptionnel par sa beauté, qui associe le bleu lapis de l'eau, au vert du green végétal qui le borde. Situé au pied nord de la cime de Punta E Porte, point culminant du secteur où convergent trois vallées : Restonica, Manganu, Bellebone.
Complètement ignoré par les cartes IGN, il est fréquenté l'été par quelques bovins qui s'y abreuvent, ou par de rares visiteurs qui délaissent momentanément le GR20, où est canalisé le flot continu des randonneurs. A voir absolument car il invite à la flânerie.
Un lac sublime et sublimé par la reposante pelouse qui l'encercle.

Lac de TUMAGINESCA dit de L'Altore : 2033 m
Lac perdu

Au bout de la haute vallée du Stranciacone au-dessus de la station de ski d'Ascu, se trouve le petit lac de Tumaginesca, situé en contrebas du col du même nom (connu aussi sous le vocable col perdu), autrefois sur le sentier du GR 20. Le lac immobile niche dans une combe minérale austère, composée de roches rhyolitiques rouges, parcourues par des hardes de mouflons qui ont repris possession des lieux depuis l'interdiction de parcours des Cascitoni (Cirque de la Solitude). Interdiction cependant levée en juin 2018, sur un site sans équipement et sans balisage, aux risques et périls de ceux qui s'y engagent.

Lac de BRACUCCIU : 2020 m
Lac satellite

Sous le merveilleux lac de Bracca, une petite pièce d'eau satellite, que nous avons baptisé Bracucciu qui veut dire petit Bracca, s'est déployée, sur un plateau herbeux. Au cœur de l'été 2017 particulièrement sec, le lac était en eau ce qui lui confère sans doute le titre de lac permanent.

29 Le lac de CAVICCIOLI : 2015 m
Lac source

En montant voir ce lac depuis les bergeries de Grotelle, vous ne manquerez pas de découvrir une petite stèle en souvenir d'un drame. Même si la montagne n'est pas un reposoir, comme le bord de mer quelquefois, il s'avère que l'endroit serait fort bien choisi pour le repos éternel… En effet l'accès au lac peut être dangereux par temps de pluie, car l'itinéraire serpente sur dalles et passages rocheux délicats. Caviccioli présente la particularité d'être alimenté par une source située dans le lac même. Le lac est dominé par un aplomb rocheux, qui progressivement projette son ombre sur le plan d'eau.

Lac d'ORU Maio : 1970 m
Lac cristallin

...nd lac d'Oru de forme circulaire, appe-
... Maio (grand) est situé sous Bocca di U
... dans le vaste amphithéâtre glaciaire gra-
...détritique, suspendu sous le sommet du
... d'Oru, sommet frontière entre la Corse
...smonte et celle du Pumonte, qui culmine à
... m. Le lac selon une légende tenace serait
...ond, ce qui est contredit par le bleu trans-
..., de ses eaux libres l'été, mais englacées
... grande partie de l'année. Au-dessus se
...nt les parois sombres du point culminant,
... reflètent dans l'eau cristalline.

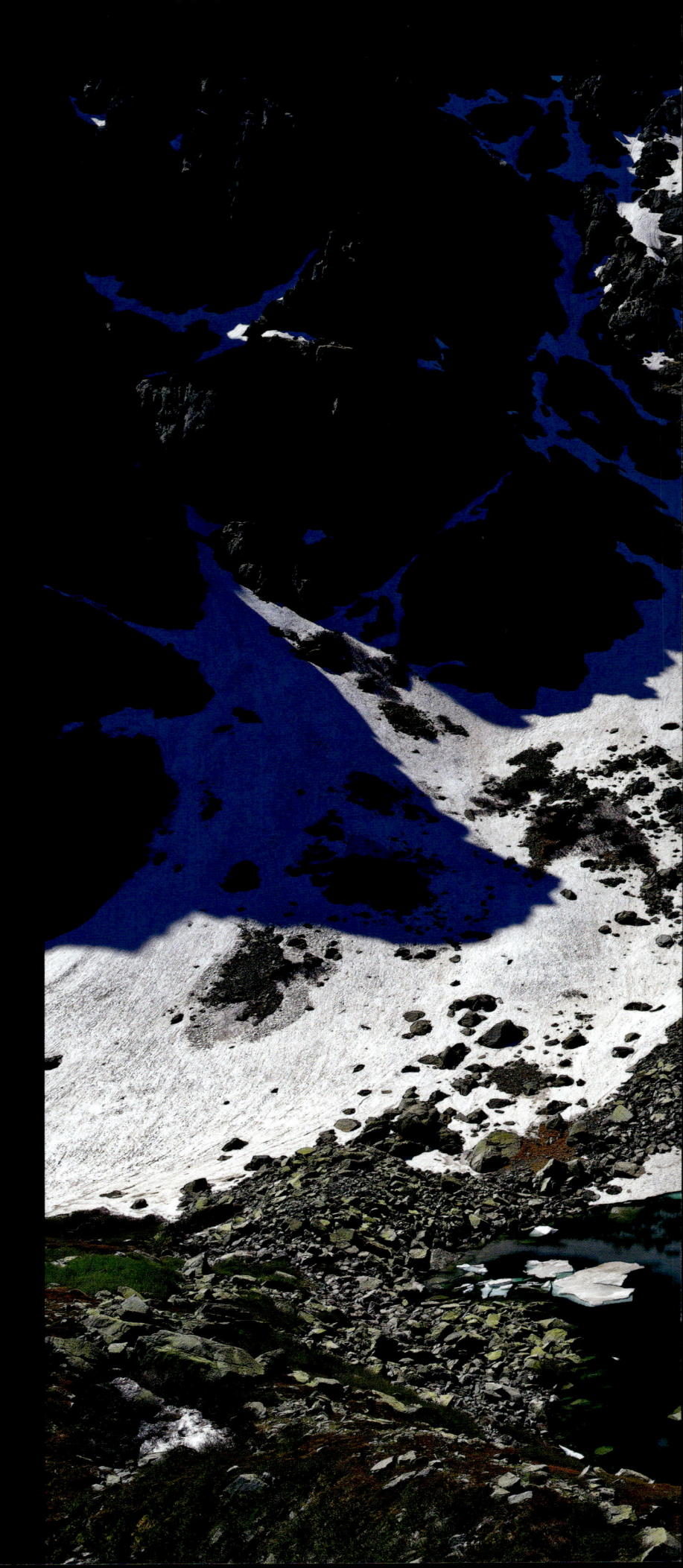

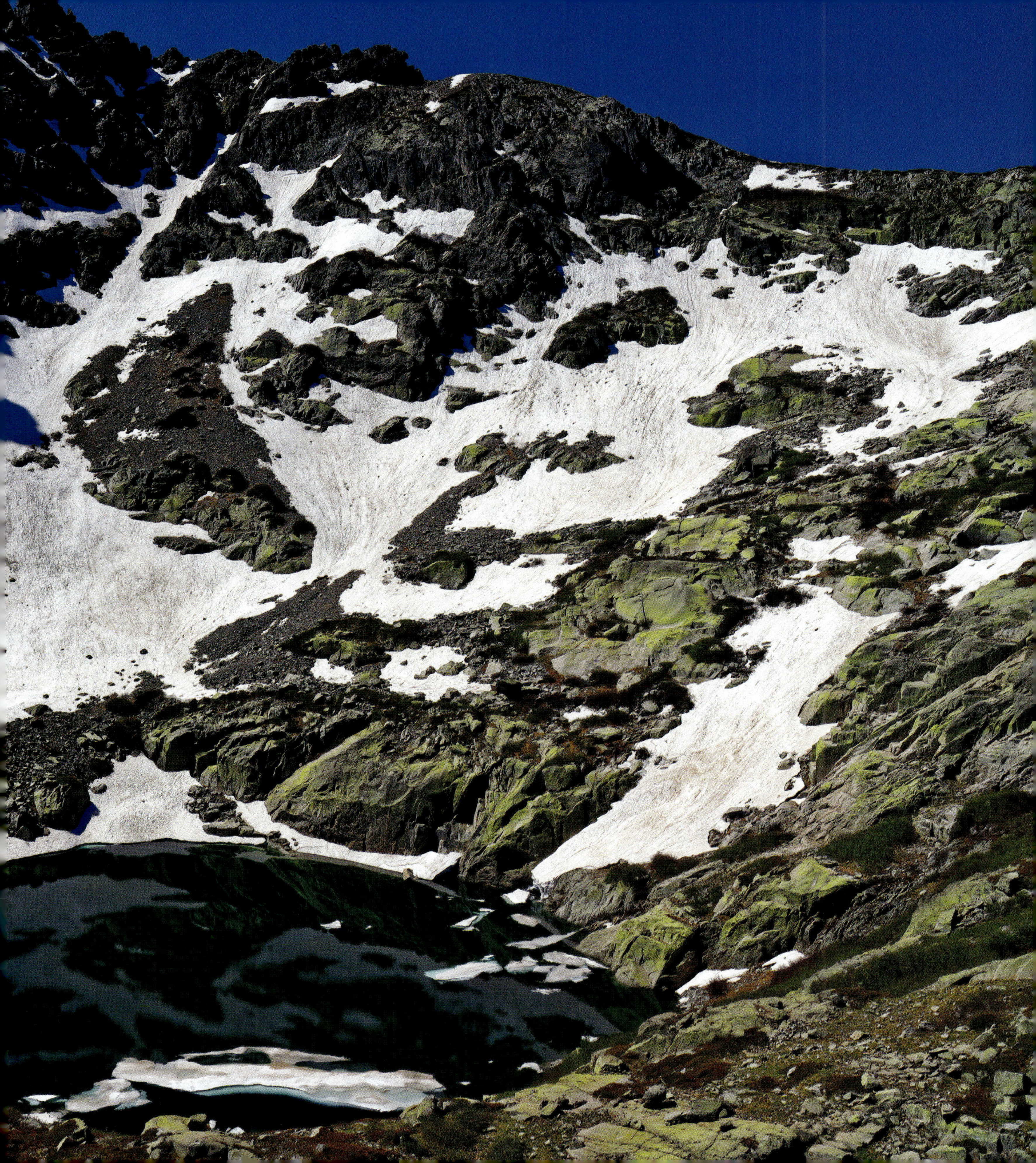

La beauté du lac et les pics déchiquetés qui le cernent

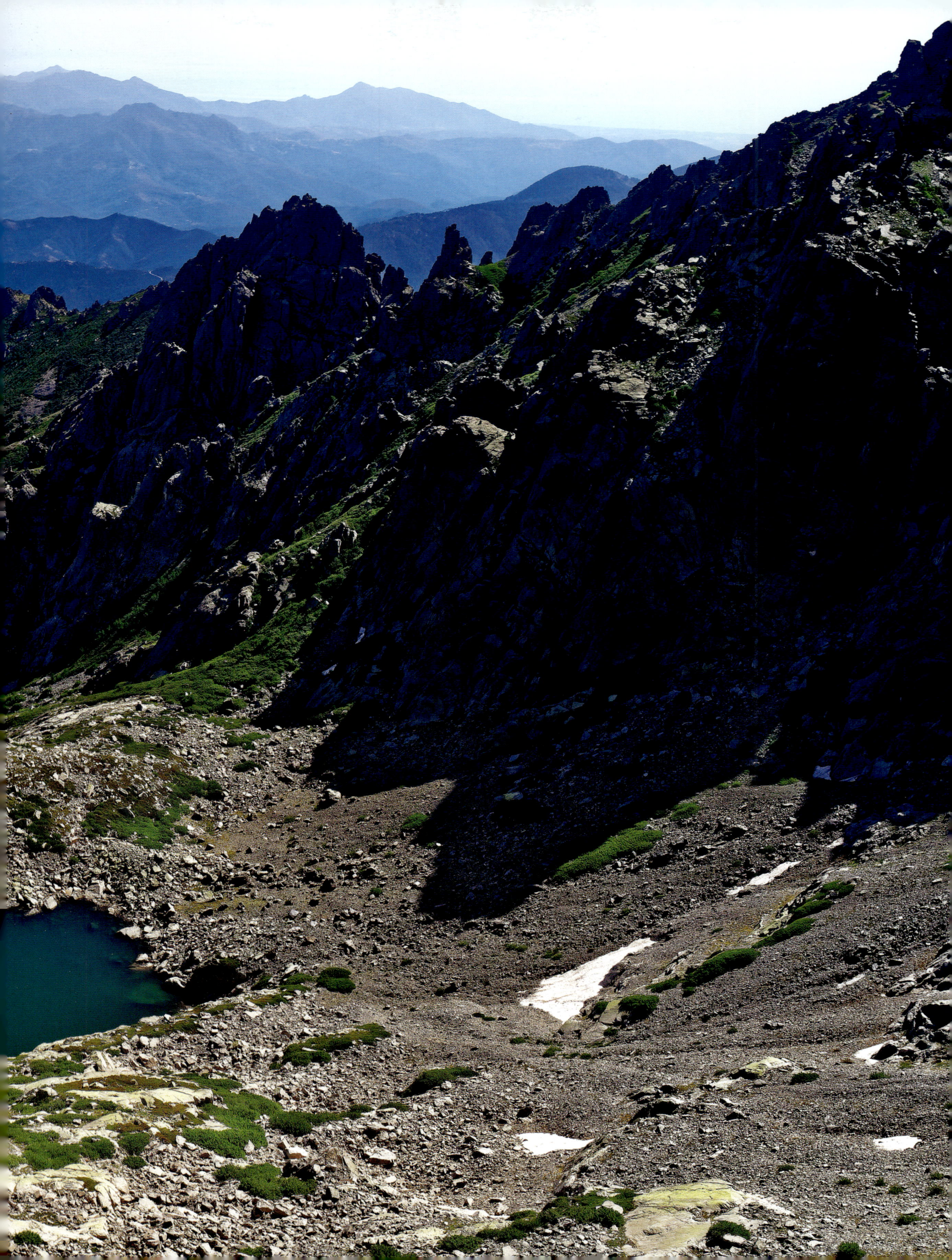

Lac de MANGANU : 1969 m
Lac obscur

Entre le refuge de Manganu et la brèche de Sorbu, s'intercale le lac dit de Manganu sur le sentier du GR20 qu'il balise par ses eaux sombres et ses touffes d'aulnes nains. Quel que soit le sens de parcours « sur le sombre lac, jette le sombre oubli ».

Dans certains milieux humides, comme dans les « pozzine », vous découvrirez la grassette de Corse, plante endémique qui a la particularité redoutable… d'être carnivore. Rassurez-vous, l'homme ne risque rien, contrairement aux petits insectes qu'elle piège dans ses feuilles gluantes. De petites fleurs violettes et blanches agrémentent le tableau de juin au mois d'août.

Le refuge de Manganu sur le GR20

Lac ARINELLA Supranu : 1953 m
Lac ignoré

Les deux lacs d'Arinella, longtemps absents des cartes IGN, sont cependant deux magnifiques pièces d'eau permanentes, posées sur une terrasse étroite des hauteurs du vallon de Manganu. Ils sont localisés à l'est de Punta l'Arinella. Le lac Supranu, peu profond, regarde l'horizon et la chaîne du Paglia Orba lointain. Peu visité, le splendide plan d'eau est à l'écart des sentiers habituels. A ses côtés repose celui de Suttanu, longtemps ignoré par les cartographes mais parfaitement connu par les bergers du secteur.

33 Lac ARINELLA Suttanu : 1950 m
Lac de l'absence

Beaucoup plus profond, le lac d'Arinella Suttanu est situé à une dizaine de mètres du Supranu. Il ne figure sur aucune carte, c'est le lac de l'absence et c'est tant mieux. Nous n'en dirons pas plus pour le laisser reposer en paix.

34 Lac de CIPRIANU, ou lac du Chiostru : 1940 m
Lac du berger

La beauté du lac de Ciprianu illumine la montagne du Chiostru. L'eau emprisonnée au creux d'une vasque de pozzine, brille de mille couleurs, dans un site magique. Souvent sanctifié, en réalité son nom provient du prénom d'un berger Niolin. Situé sous Capu Chiostru, l'appelation lac de Chiostru conviendrait davantage. La pièce d'eau a réussi à s'installer dans un ravin envahi par l'aulne odorant. En continuant vers les bergeries de Ghalighelli on traverse un magnifique plateau que les pozzines colorent en vert éclatant.

Lac de CAPITELLU : 1930 m

Lac saphir

... de Capitellu, véritable saphir, serti dans ... arure de granite, ciselée par les glaces ... giques, est un pur joyau d'une beauté in... ...le.

... détient le record absolu de la profondeur ... 42 mètres de hauteur d'eau. Il est surmon- ... une dalle titanesque, surgit d'une eau où ... ent au soleil une myriade d'étoiles. Sur ... astre latéral se développe la mythique voie ... alade « symphonie d'automne » ouverte ... artial Lacroix puis gravie en pleine jeunes- ... au compteur) par un second de cordée.

... es pieds des grimpeurs, le plan d'eau lisse ... étale un bleu profond et pur.

... ef d'oeuvre absolu, l'été assailli par de ... reux visiteurs.

... le bleu liquide, vire au blanc d'une épais- ... uche de neige et de glace, pour devenir ... ain de jeux de la glisse sous toutes ses ...

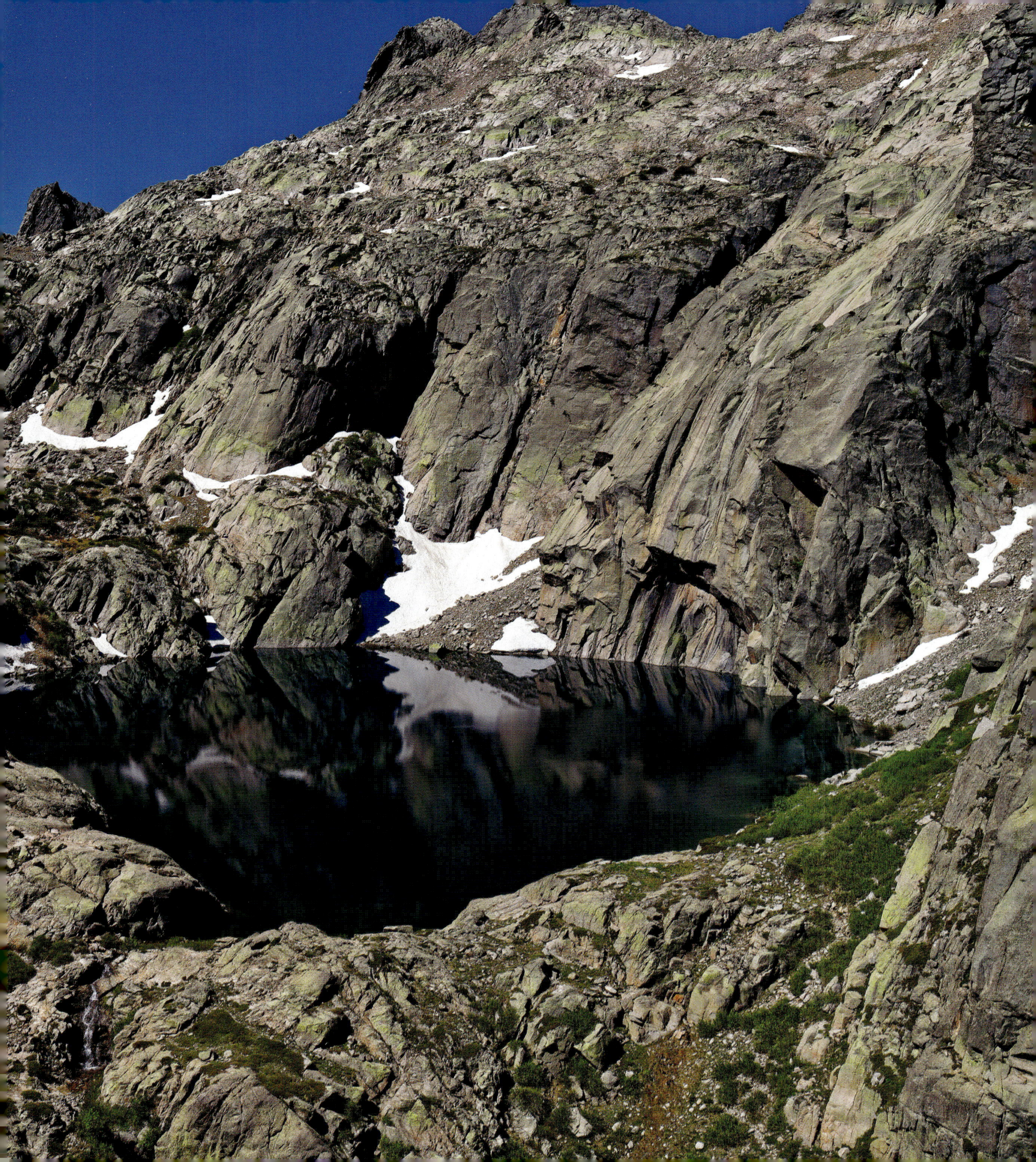

Le paysage autour de Capitellu

Capitellu sous le manteau blanc avec sa mer de nuages

L'inséparable duo avec Melu à gauche et Capitellu à droite

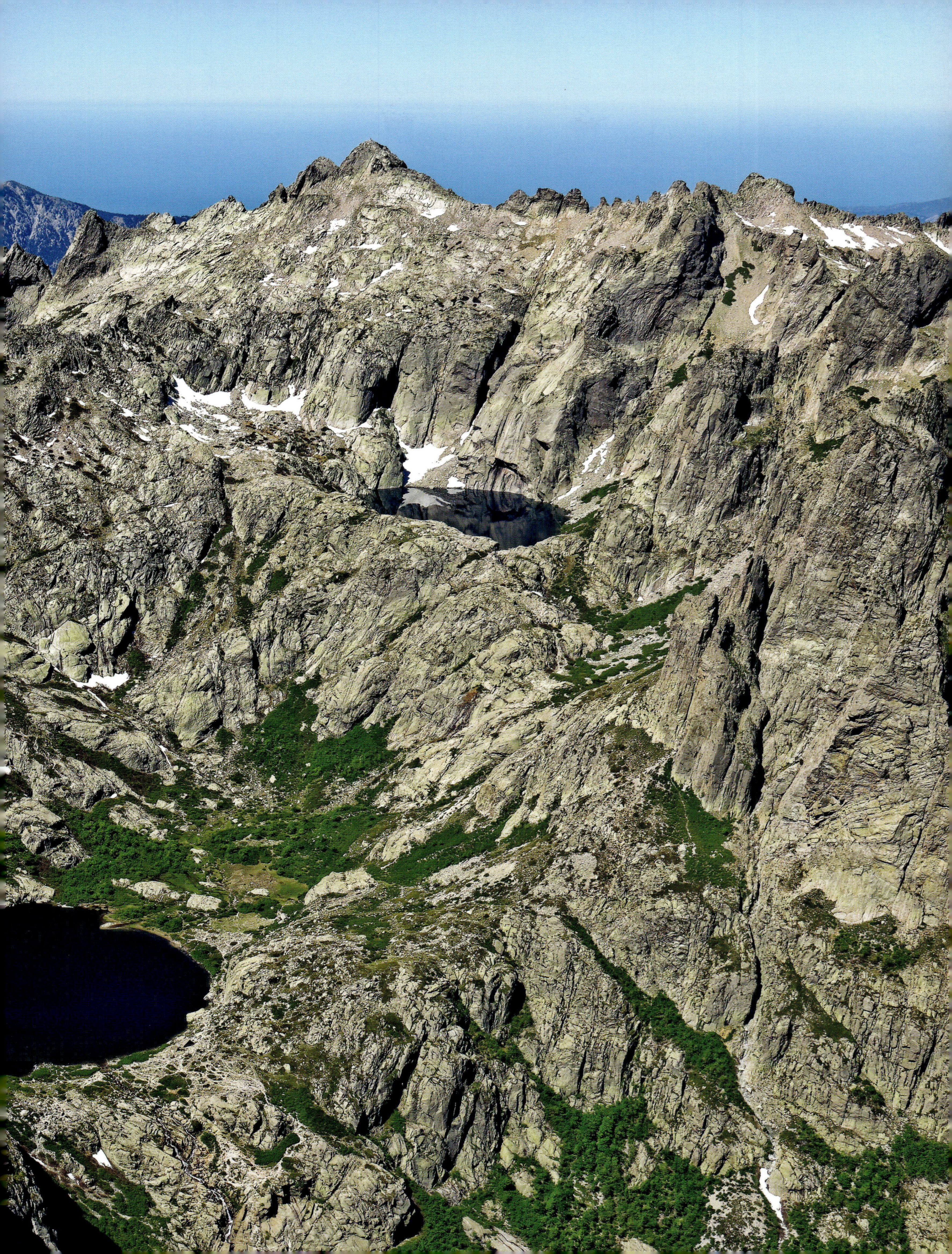

36 Lac de CURACCHIA Supranu : 1920 m
Lac étrange

Les lacs de Curacchia sont quatre, comme les mousquetaires. Ils sont isolés dans une vallée oubliée, qui ne reçoit aucun visiteur, à tel point qu'ils ne figurent sur aucun document cartographique. D'abord à cause de leur taille modeste, ensuite par leur situation, dans un secteur très sauvage, d'une montagne insulaire tourmentée voire chaotique, où la présence humaine, comme celle de l'animal est rare. C'est le domaine exclusif du sanglier.

Un autre petit lac plus haut, couplé à son voisin, est situé à l'aplomb d'un col positionné sur la ligne de partage des eaux Cruzzini/Agnone. Il doit être classé dans la catégorie des lacs temporaires en raison de sa très faible profondeur. Une ambiance étrange caractérise les lieux.

Lac de NIELLUCCIU : 1919 m
Lac secret

Dans un paysage ouvert au grand large, d'où parfois peut surgir l'Italie, le lac sombre de Niellucciu est presque en dehors du temps, amarré pour toujours dans un berceau de pierres façonnées par les glaciers. Loin de la foule, qui à Bastani file, il se noie dans le silence qui l'imprègne, lui conférant un caractère à la fois unique et impressionnant.

Blotti à l'aplomb du sommet du Renosu, c'est le réceptacle d'une érosion intense qui ronge inexorablement un massif escarpé.

La rive orientale est envahie par une forêt d'aulnes dits nains (I bassi) contredits par leur taille imposante. Très belle pièce d'eau au charme bucolique, où il fait bon se reposer. Elle est dominée par le Razzu Pinzutu (pointu), dôme rocheux effilé qui barre la route vers le sud. Visible seulement depuis le Rinosu, c'est un lac presque secret, caché dans l'ombre du géant. Il présente tantôt un aspect sombre que précise la racine Niellu qui veut dire noir.

Au soleil, au fil des heures de la journée, le plan d'eau est coloré par des tons, de rouge de vert et de jaune, comparable au trichroïsme, de l'alexandrite pierre fine rare.

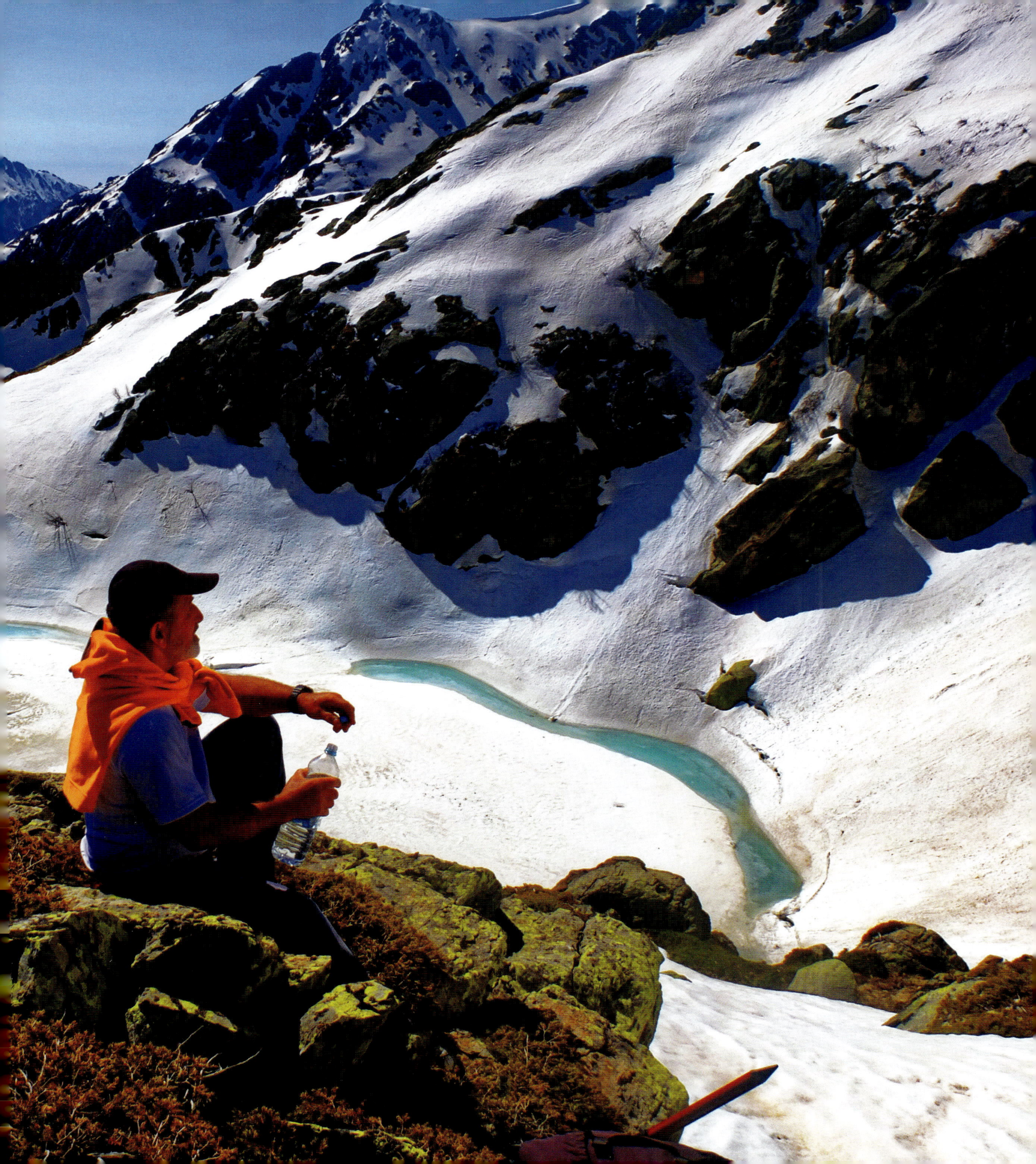

Le lac de Bastani et Nielucciu en contrebas à droite

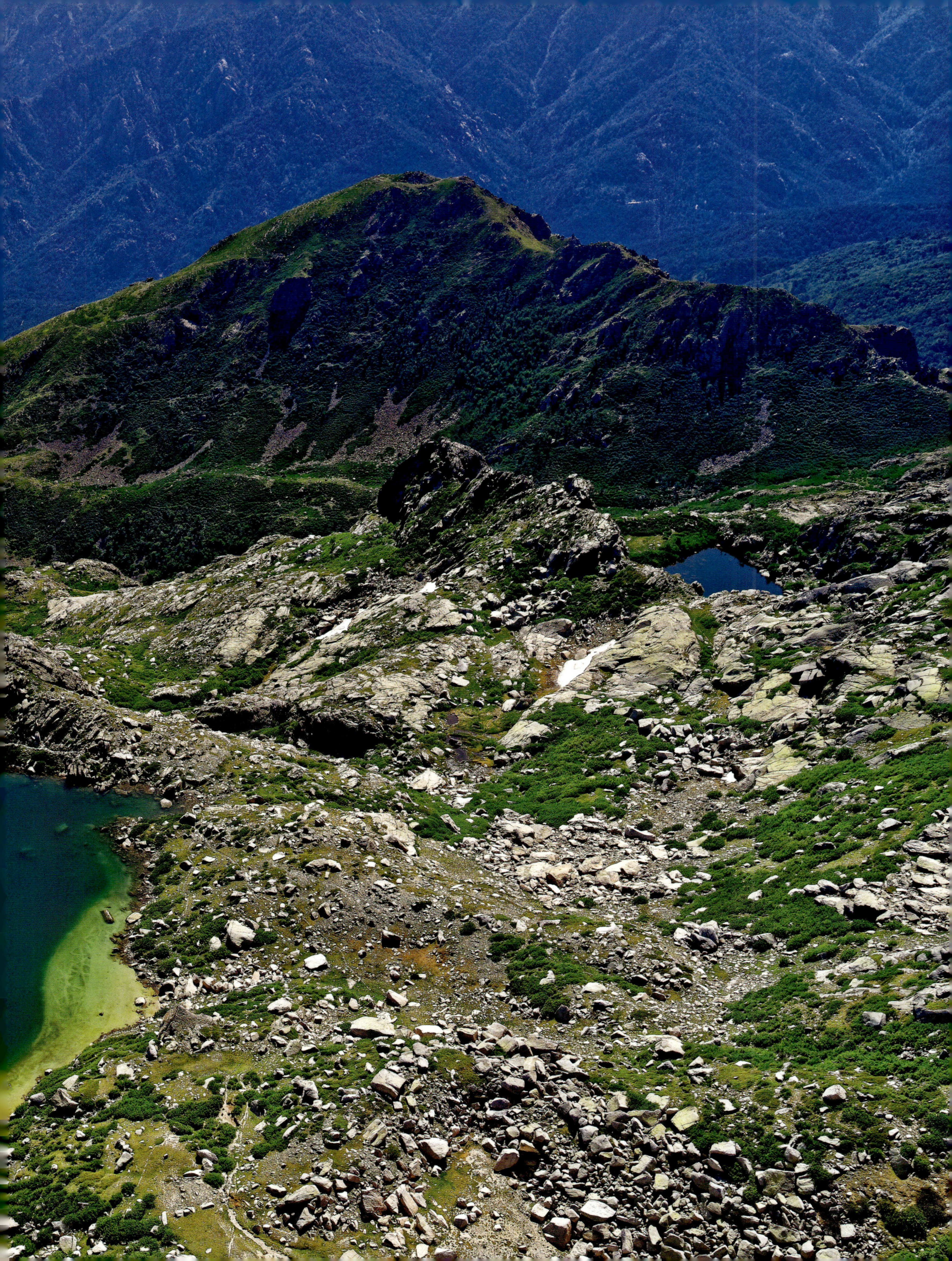

Sous le Migliarellu à 2254 m, coule le ruisseau de Curacchia qui achève son existence dans la puissante rivière du Cruzzini, après avoir donné naissance à une paire de jumeaux lacustres, sorte de baignoires rocheuses qui s'incrustent dans un vallon très sauvage. Les premières pièces d'eau situées à haute altitude sont bordées par de magnifiques pozzines, décor classique de nombreux lacs insulaires. Malgré une taille modeste le lac resplendit dans un environnement superbe face à la crémaillère des sommets qui l'entourent. À proximité une arche aérienne.

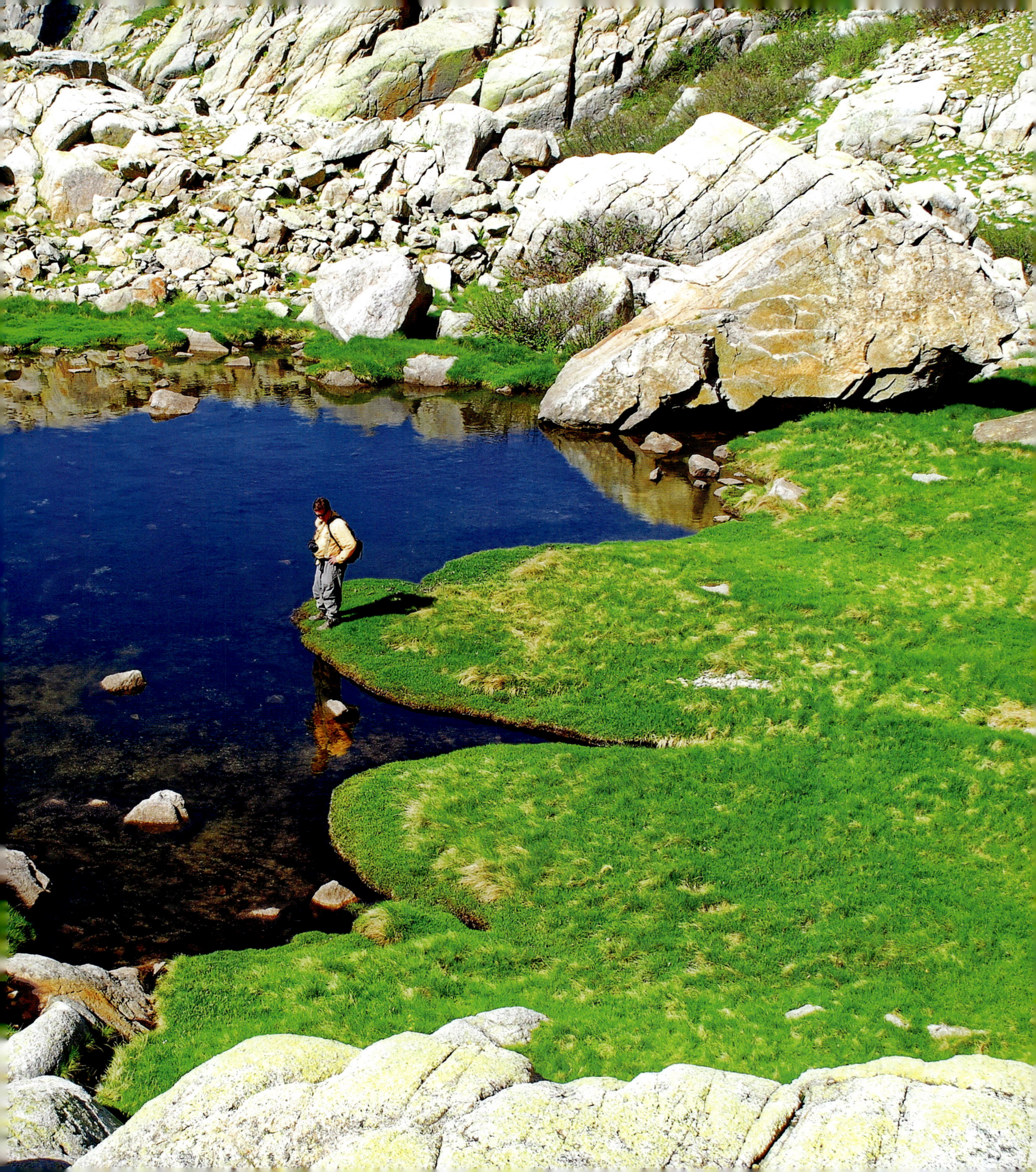

39 Lac du TRINBULACCIU : 1900 m
Lac du cirque

Dans le massif tourmenté du cirque de Trinbulacciu, sous bocca Panpanosa, haut lieu du ski alpinisme, deux petits lacs se sont confortablement installés sur un plateau qui surplombe le grand glacier temporaire du Trinbulacciu, rendez-vous favori l'été des skieurs insulaires. Le plus grand lac mesure une vingtaine de mètres de long, sur une dizaine de large, bordé à l'entour par un cocktail aulnes pozzines rochers.

Lac du TRINBULACCIU : 1900 m
Lac des oiseaux

C'est le frère jumeau du lac précédent, survolé par des oiseaux magnifiques, qui viennent boire l'eau pure. Ce lac repose dans un décor fabuleux, face à la chaîne vigoureuse du Cintu.

41 Lac de RINA Supranu : 1882 m
Lac du large

Dans le secteur du Rinosu, les lacs de Rina se rassemblent par deux, comme le font d'autres lacs dans d'autres vallées de l'île. Toujours l'un au-dessus de l'autre, comme pour passer de l'ébauche au chef-d'œuvre final. Le lac de Rina Supranu, s'étend au pied de la Punta Cappella, dans le vaste cirque glaciaire de Monte Tortu, où règne un galimatias de rocaille. Jauni en été, par une végétation rase de pelouse où poussent de très beaux sorbiers, il prend la teinte bleue habituelle dès que l'on prend de la hauteur. Le lac supérieur se rince vers celui du bas, dans lequel il vidange le surplus de ses eaux. Il ouvre une perspective grandiose vers le large maritime.

Rina avec pour horizon la côte orientale et l'étang de Diana sur la droite

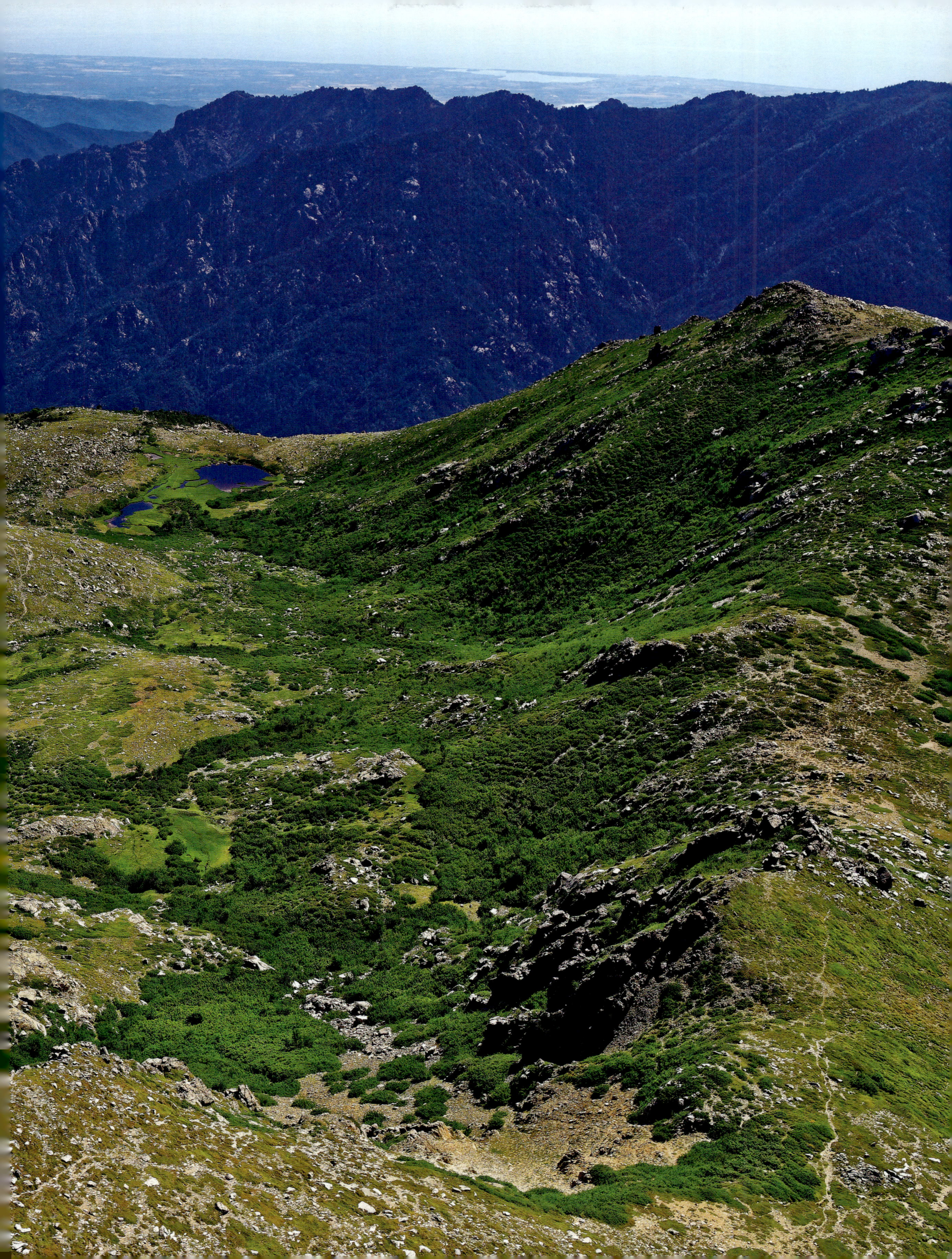

Lac de TRIGGIONE : 1880 m
Lac évanescent

...emps sur le chemin classi-
...Ritondu, sommet merveil-
...flancs constellés de vraies
...eau, s'étale le tout petit lac
...ent, dit de Triggione qui
... l'été.
... vers l'aval, le havre de
... bergeries de Timozzu.

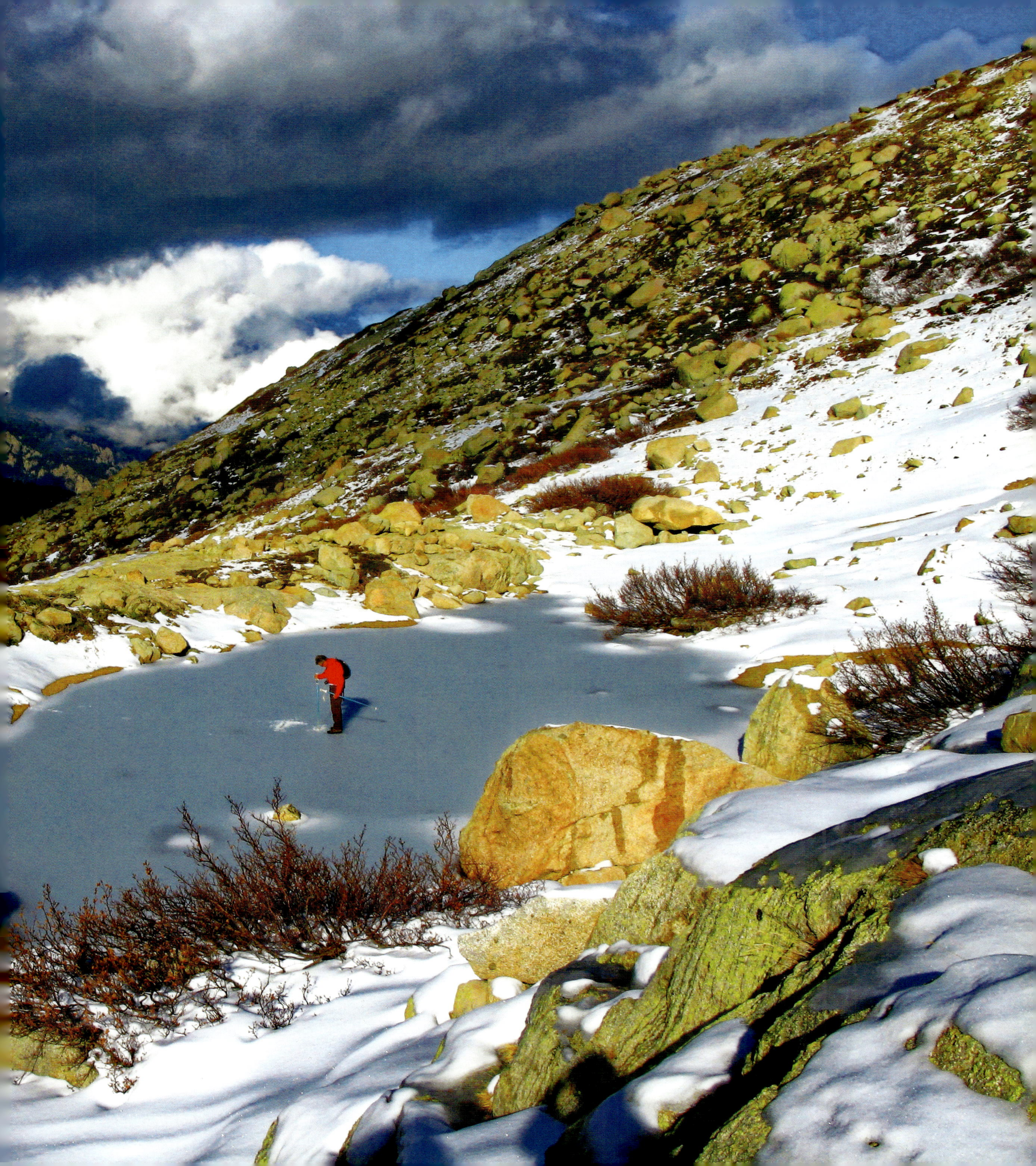

43 Lac de la MUVRELLA : 1855 m
Lac d'automne

La dimension du lac est modeste, mais ce qui en fait le charme, c'est la végétation qui le borde, dont les coloris d'automne explosent en feux d'artifice. Une symphonie dorée dont les milles nuances se reflètent dans ses eaux calmes. Situé sur le grand chemin du GR 20, il est traversé par de nombreux randonneurs. À proximité, on remarque le rocher surplombant en forme de tête d'indien.

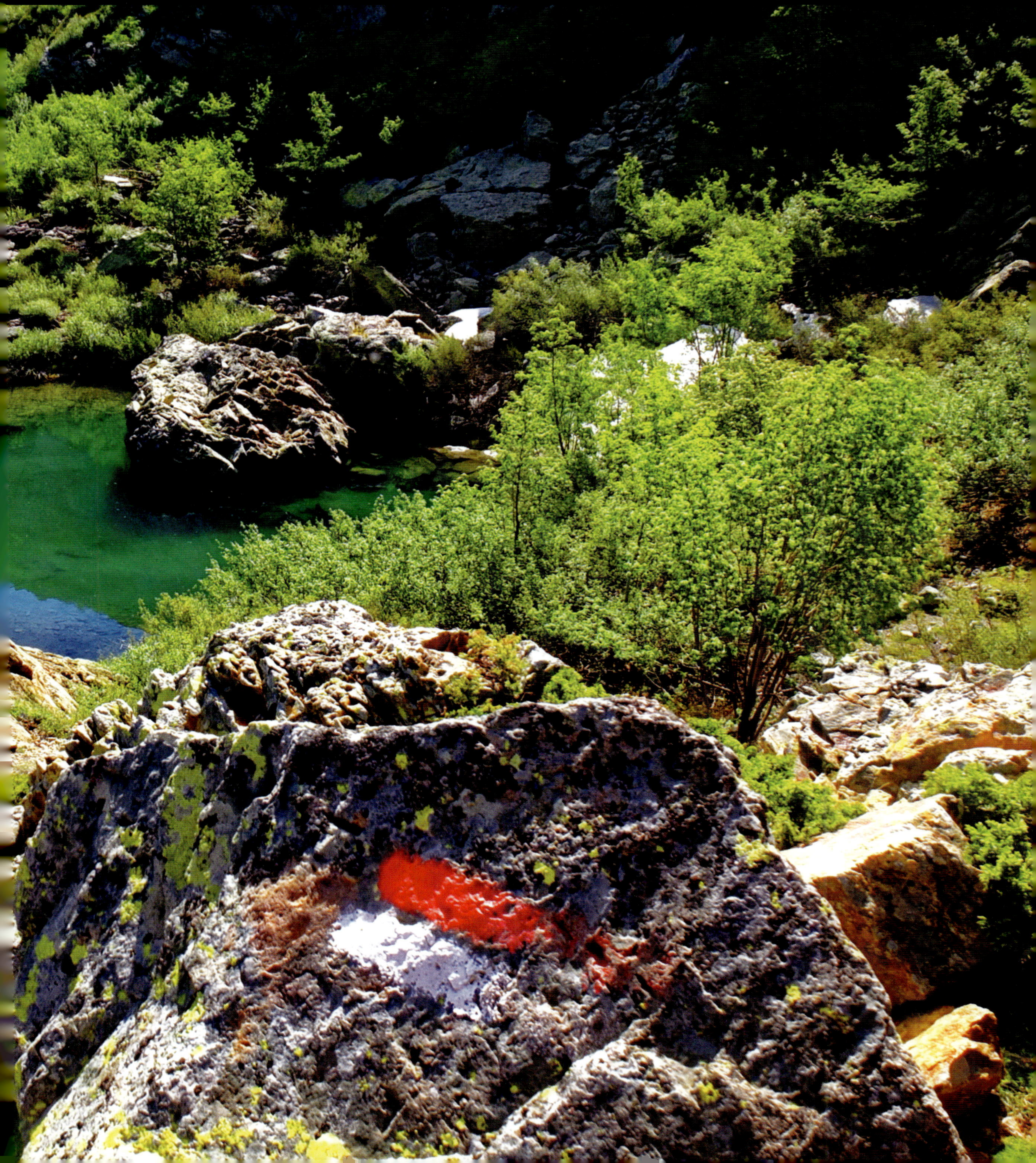

44 Lac de GORIA : 1852 m
Lac turquoise

Parler du lac de Goria, c'est essaye[r] de décrire la beauté exceptionnell[e] d'un lac incroyable, tant par sa fo[r]me, sa couleur, sa taille et par l'écri[n] magnifique voire magique. Il a ra[s]semblé ses eaux, en retrait cepen[]dant des grands lacs majeurs épa[r]pillés autour du grandiose Ritondu considéré comme le plus beau som[]met de la Corse.

La forme allongée triangulaire res[]semble à un glaive où, à l'outil d[e] taille en silex du Neandertal. Miro[ir] bleu pastel, transformé en ciel liqu[i]de, il repose dans le lit dur constru[it] par les atomes de la roche.

La nappe liquide s'étale et s'allong[e] « sur l'étoffe des cailloux » aux pied[s] de pics emmêlés où traînent deux au[]tres petits lacs satellites. Peu fréquen[]té, ce lac « œil turquoise du paysage [»] est un pur bijou.

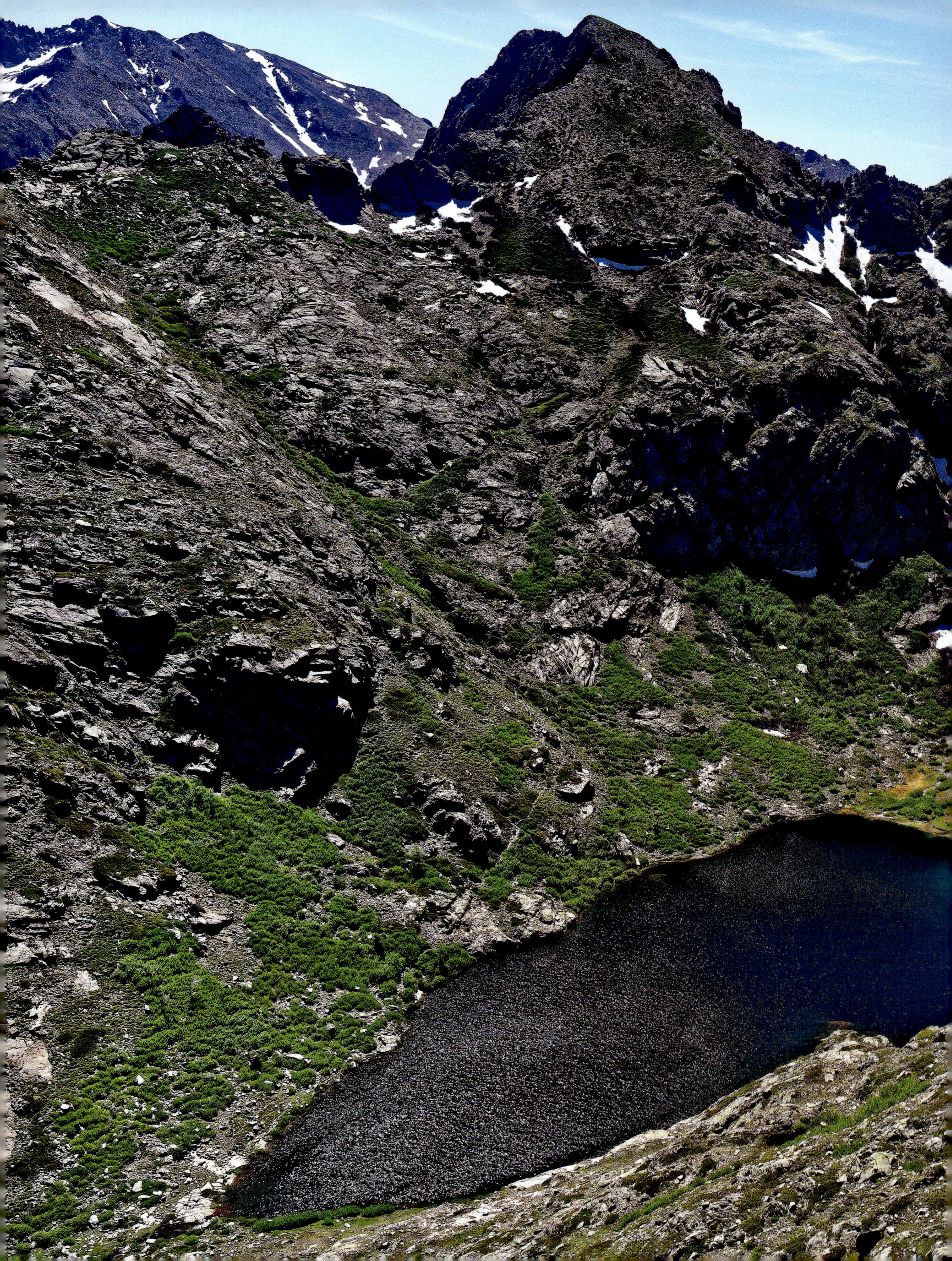

Sublime lac de Goria, élancé, avec ses montagnes enneigées

45 Lac de LAVIGLIOLU : 1834 m
Lac secret

Ce très beau lac fait partie des moins visités, à coup sûr. La raison principale en est l'absence de balisage, et il est heureux que certaines de ces beautés de la nature restent confidentielles. Ce qui nous a ému lors de notre visite, outre ce lieu sorti de nulle part, c'est la vue sur la plus haute chaîne de Corse, dont le Paglia Orba et le Monte Cintu, sans omettre la "Grande Barrière".

Il est étonnant de penser qu'à quelques centaines de mètres à vol d'oiseau, le célèbre voisin "Ninu" compte parmi le plus grand nombre de visites !

À noter les bergeries de Capanelle (à ne pas confondre avec celles du Rinosu), que l'on peut atteindre grâce à un léger détour. Le "chemin de ronde" quant à lui, mériterait d'être plus connu.

Ici se développent, entre roches et eaux, des figures de symétries remarquables, particularités exceptionnelles partagées avec d'autres lacs comme ceux de Pozzolu, ou de Capitellu.

46 — Lac de CEPPU : 1820 m

Lac de l'oubli

Qualifier le lac du Ceppu en lac de l'oubli, c'est dire l'isolement qui le caractérise, tout en étant proche des flots de la baie de Calvi, où cinglent des vaisseaux étincelants.

Le Ceppu s'est fixé à demeure, sur un piédestal gigantesque, face au vide immense de la vallée de la Figarella, en fond d'écran. Blotti dans la conque du Capu Ceppu, il est difficile d'accès, ce qui le protège de la sur fréquentation. C'est un joyau rare où s'harmonisent pour s'unir, beautés marines et terrestres.

Il est situé sur les hauts de la Balagne dont un proverbe insulaire vante la finesse et l'intelligence de ses habitants : « Balaninu untu e finu ».

Le Rina Suttanu est le petit frère du lac Supranu, aux eaux assombries par sa faible profondeur. Quelques sorbiers, çà et là, peuplent les rives pendant que dans les pelouses de pozzines où circule la sève, l'eau désagrège lentement le lac endormi. Le comblement est proche d'ici plusieurs milliers d'années tout de même…

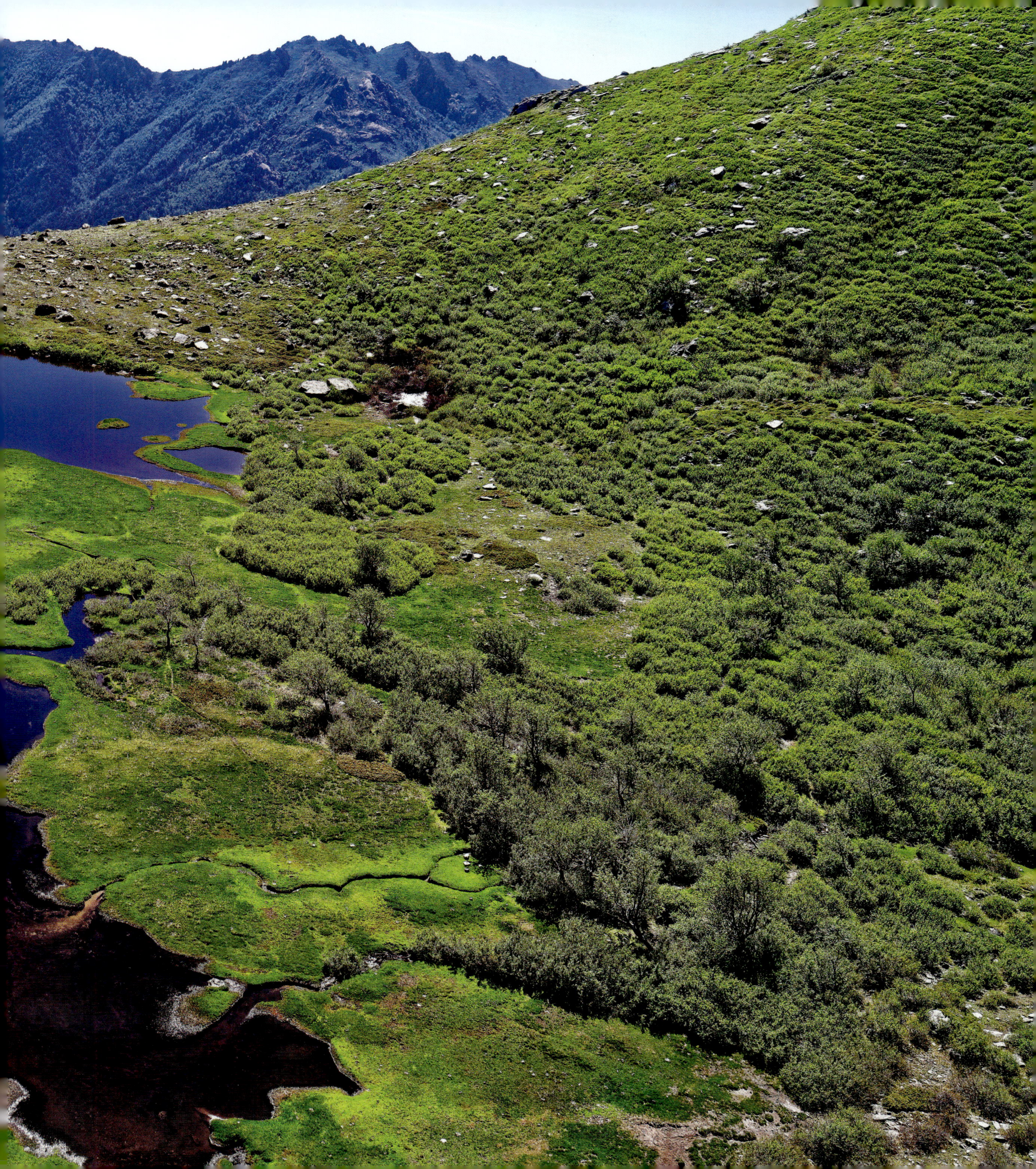

Tout est vert, c'est Rina

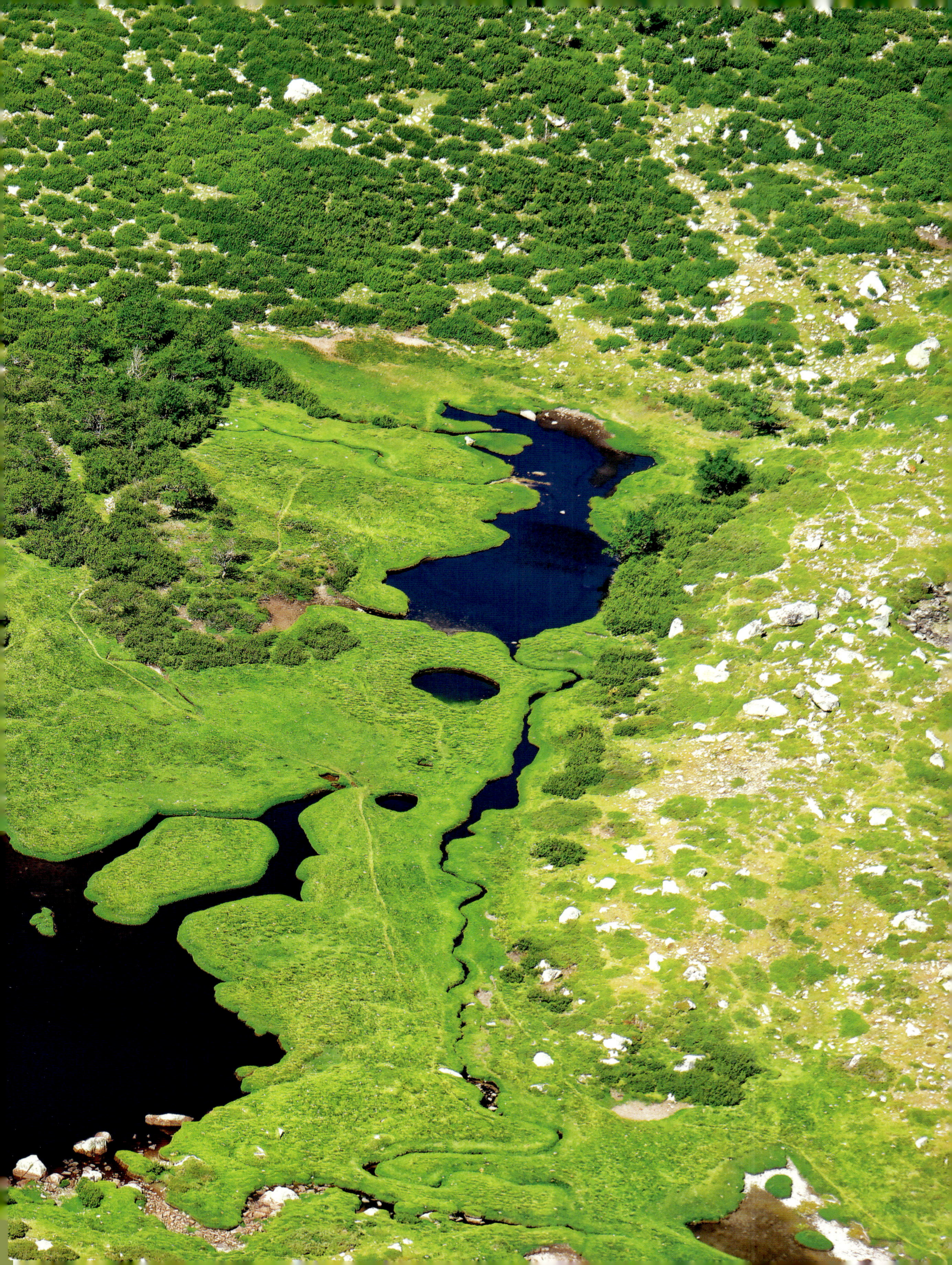

Rina dans son somptueux décor

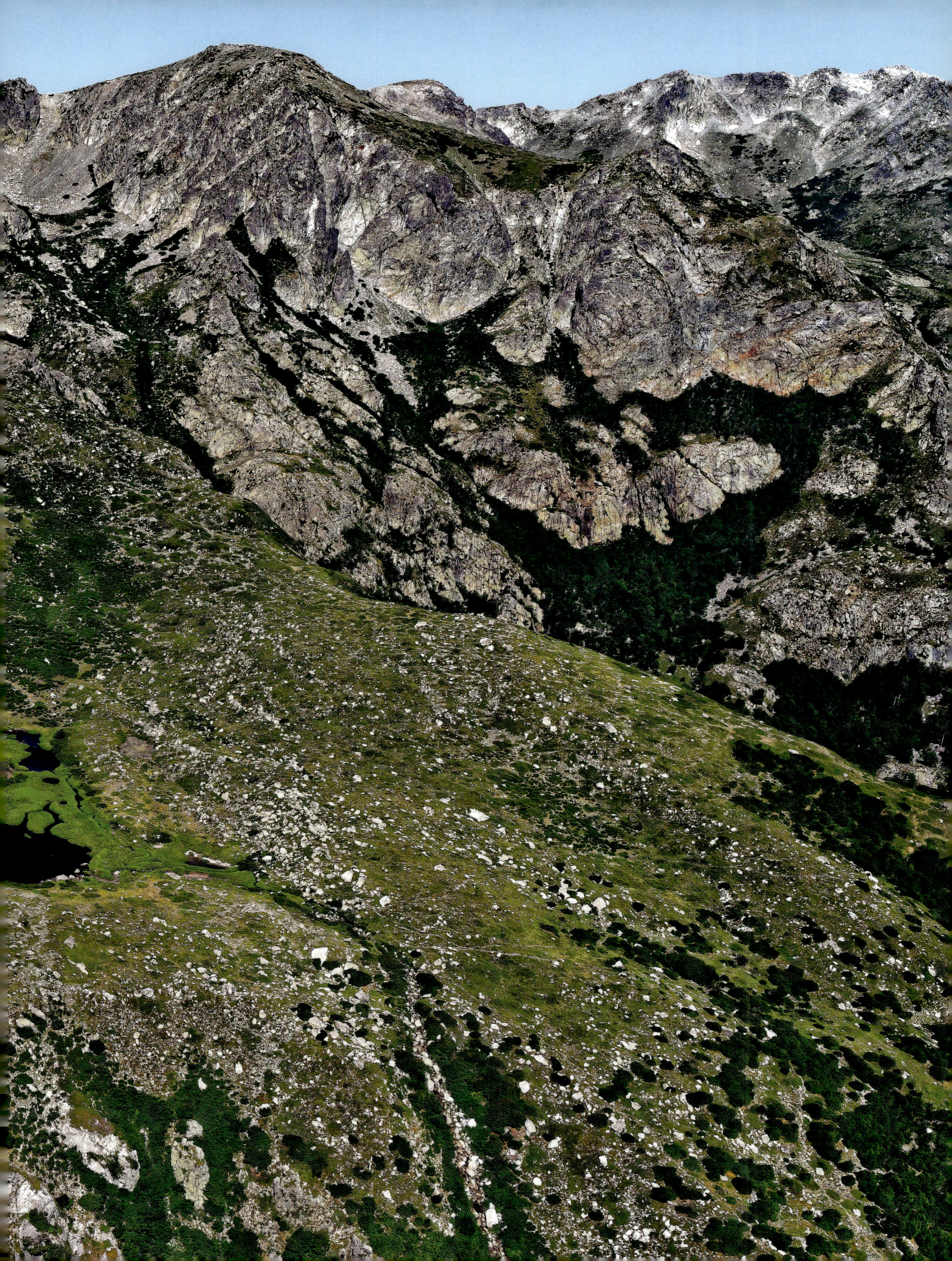

48 Lac de CATAMALZI : 1800 m
Lac du froid

Décidément les anciens glaciers ont laissé de splendides chefs-d'œuvre parmi lesquels, Catamalzi superbe perle d'eau en symbiose parfaite, avec la pierre et le végétal.

Ensemble miniature où se trouvent réunis les éléments essentiels de la beauté pure. Lac probablement intermittent à voir en pleine eau pour en apprécier la splendeur.

49 POZZINES de Pozzolu : 1800 m
Lacs disparus

Les tout petits lacs de Pozzolu ont transformé le site en une extraordinaire dentelle végétale, brodée sur le tissu vert d'anciennes pozzines. Les dessins magnifiques qui ornent les zones lacustres, découpent dans le gazon de la pozzine des paréidolies, comme celles que met en évidence Isabelle Pautrot pour les roches. De la sorte on peut voir, ici un serpent central, là une cartographie de la botte italienne. A ranger dans la catégorie des lacs saisonniers : par conséquent à sec l'été. A voir dès le printemps jusqu'au début de l'été car ici se cache la plus belle Pozzine de Corse dessinée par un artiste de génie, la nature.

I POZZI : 1783 m
Lac perforé

L'autre versant de la montagne, dévoile les fabuleux dessins du grand vallon des Pozzi, ensemble de gazons parsemés d'eaux indigo, vestiges d'anciens lacs que l'érosion a effacés. On trouve ici la plus forte concentration de Pozzines de Corse. La géométrie incroyable, des dessins qui ont troué le gazon en formes infinies, est le résultat du comblement de grands lacs qui s'étendaient au-dessus des bergeries de Pozzi toujours en activité, fréquentées par un berger golfeur !

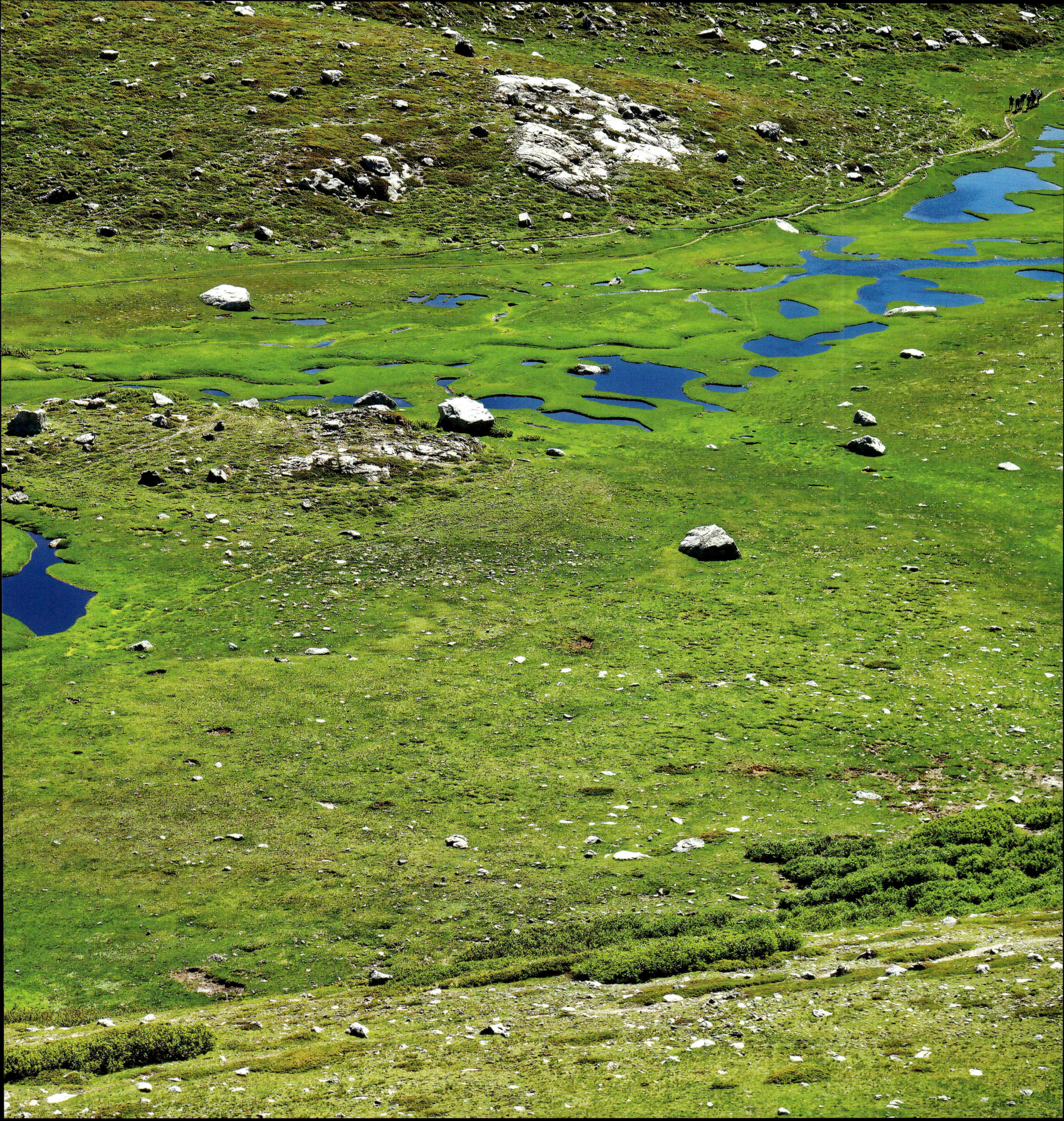

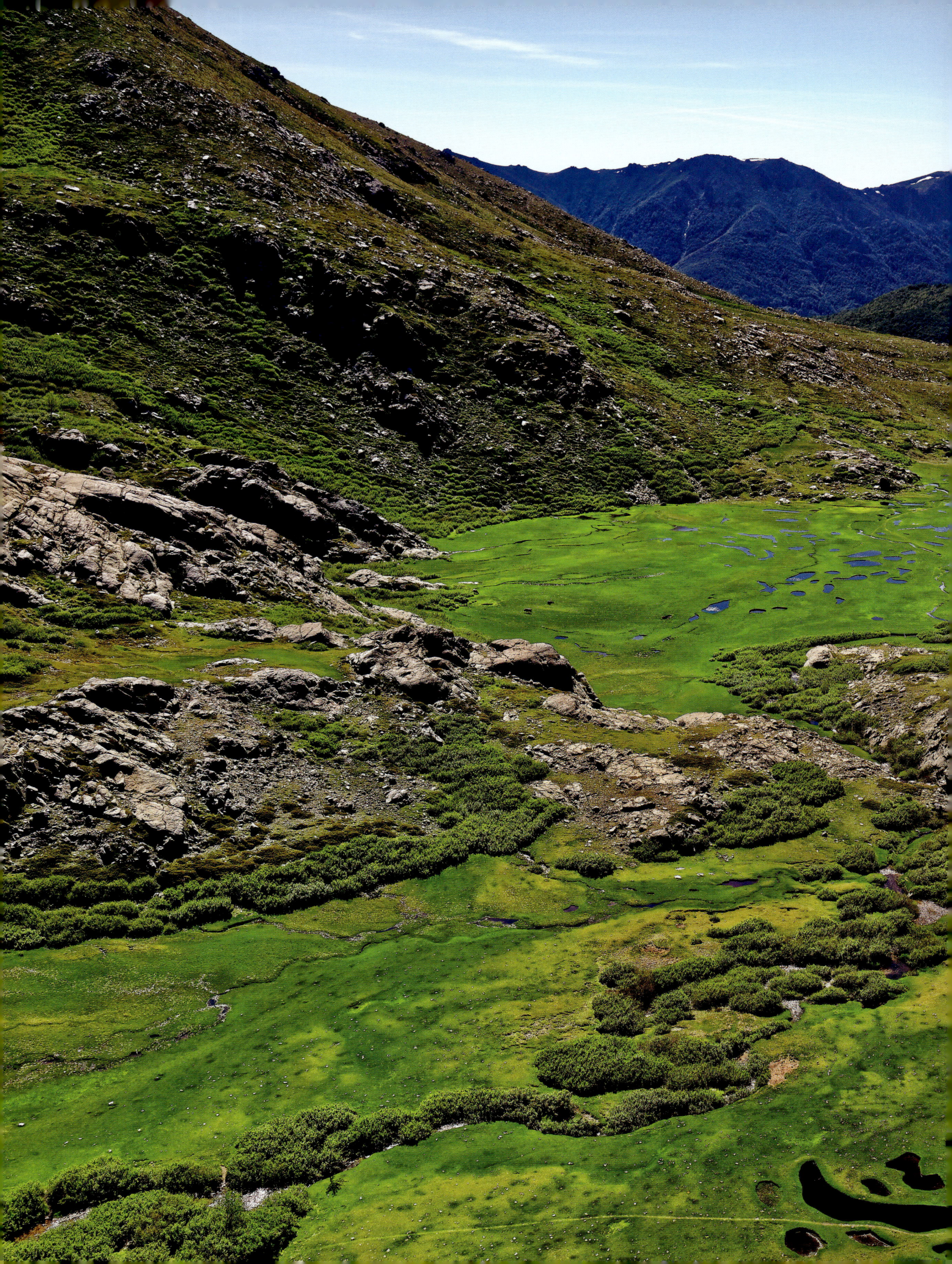

Les Pozzi de Bastelica

Le plateau qui accueille I Pozzi dans un environenment somptueux

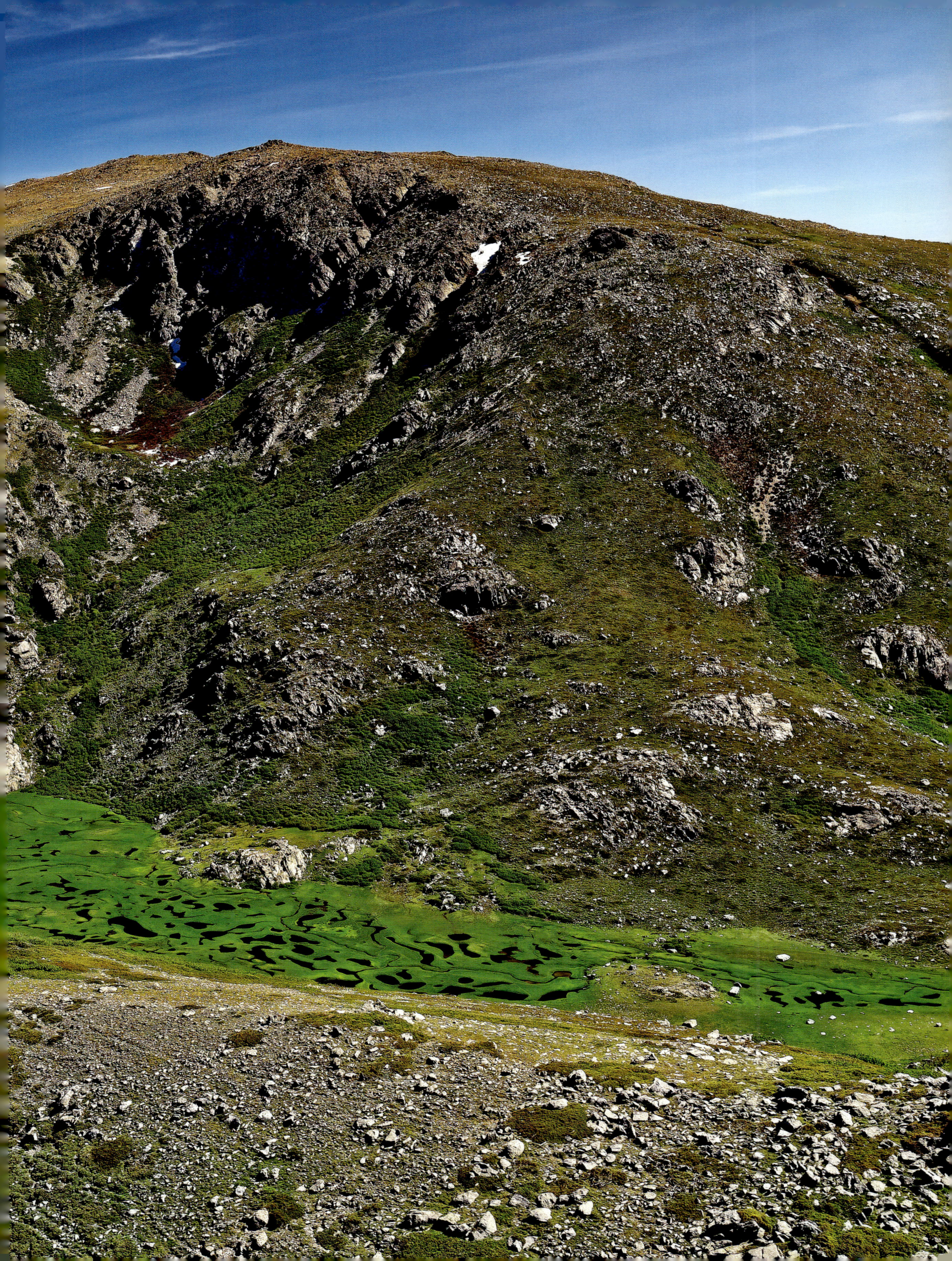

Lac de VITALACA : 1777 m
Lac vertige

Dans la très haute vallée du Prunelli, sous Bocca Cagnone, un lieu hors du temps, le lac mystérieux de Vitalaca s'est inséré, définitivement coincé, entre des parois abruptes. Il a perdu la moitié de sa superficie, envahie par une pelouse d'un vert intense, encadré par des pics majestueux et vertigineux.

Le lac peuplé de truites est au bout d'un autre monde. La couleur particulière de l'eau tantôt étincelante, parfois sombre, dégage un étrange sentiment de solitude, dans un silence impressionnant.

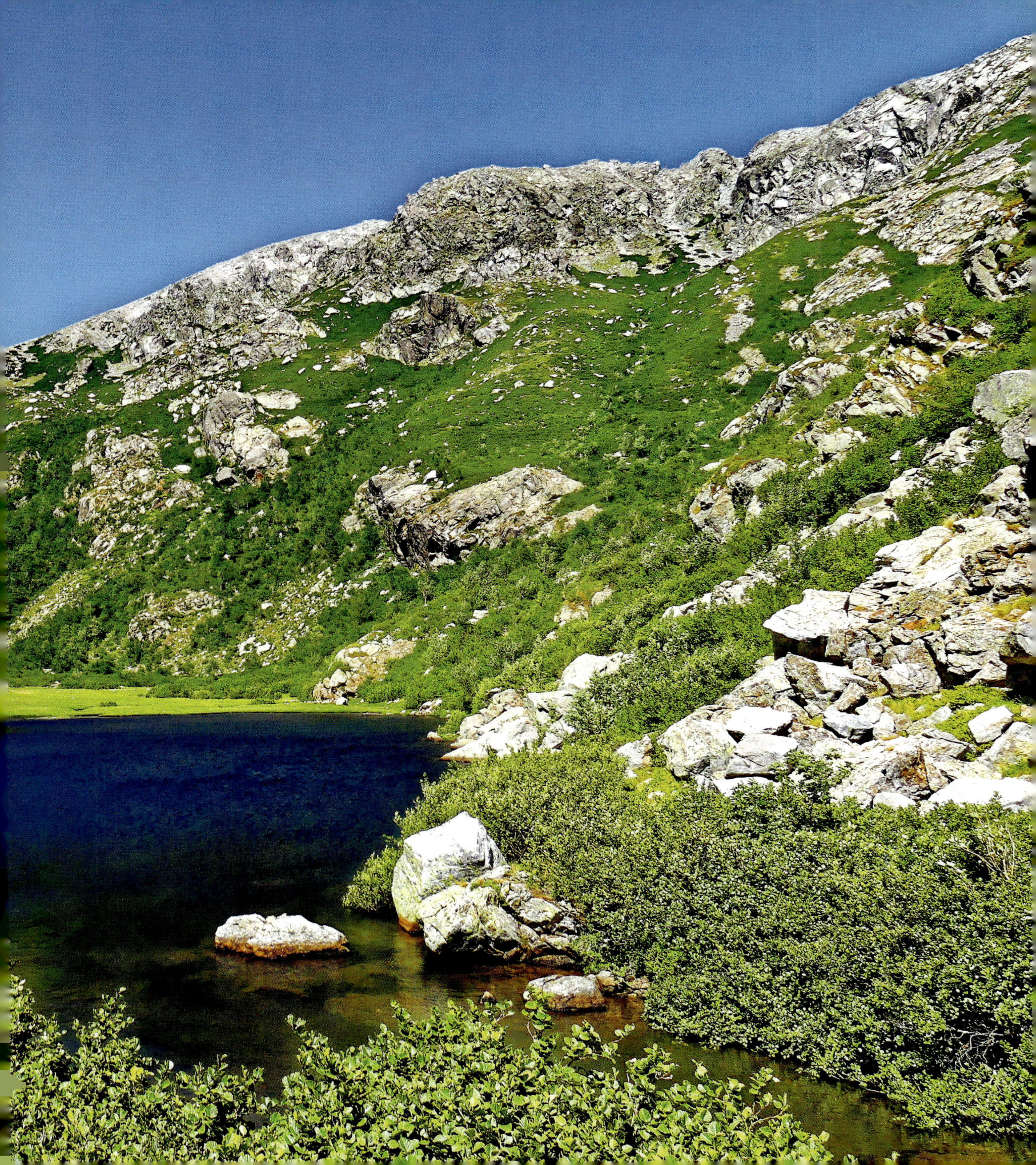

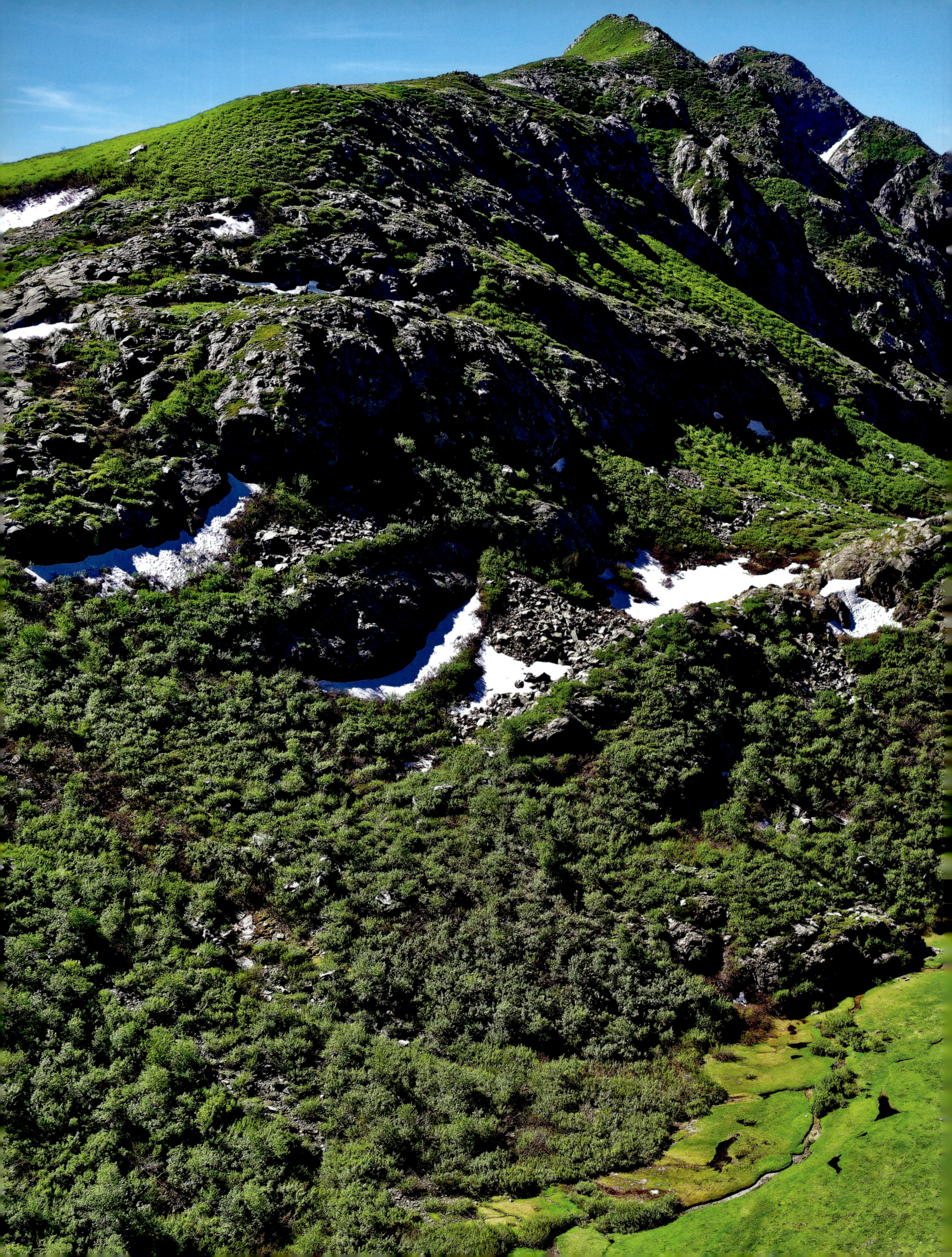

Les dernières neiges de la fin mai sur Vitalaca

Lac glaciaire par excellence, il repose dans un écrin exceptionnel de verdure, un des plus beaux paysages de Corse. Non loin du Cappu Tozzu (2007 m), sous bocca Stazzona, les célèbres pozzines de Ninu alimentent la source du fleuve Tavignanu, qui coule à Corté avant de se jeter dans la mer Tyrrhénienne. Ces milieux sont fragiles car très visités par les randonneurs du GR et d'ailleurs. Prenez garde de préserver ce havre de paix, foulé dès l'été par une petite horde de chevaux en semi-liberté.

La montée par la maison forestière de Popaghja a notre préférence, même si un retour par le Col Saint-Pierre peut donner à cette randonnée une véritable envergure, avec une sortie par la fontaine Caroline, ou le chemin de ronde.

Avec 6,5 hectares de superficie, il est le second lac de Corse en étendue après le lac du Ritondu.

Alors que la colonie de potamots semble s'essouffler quelque peu, on note aussi la présence de Menyanthes dont la floraison commence à la mi-Juin.

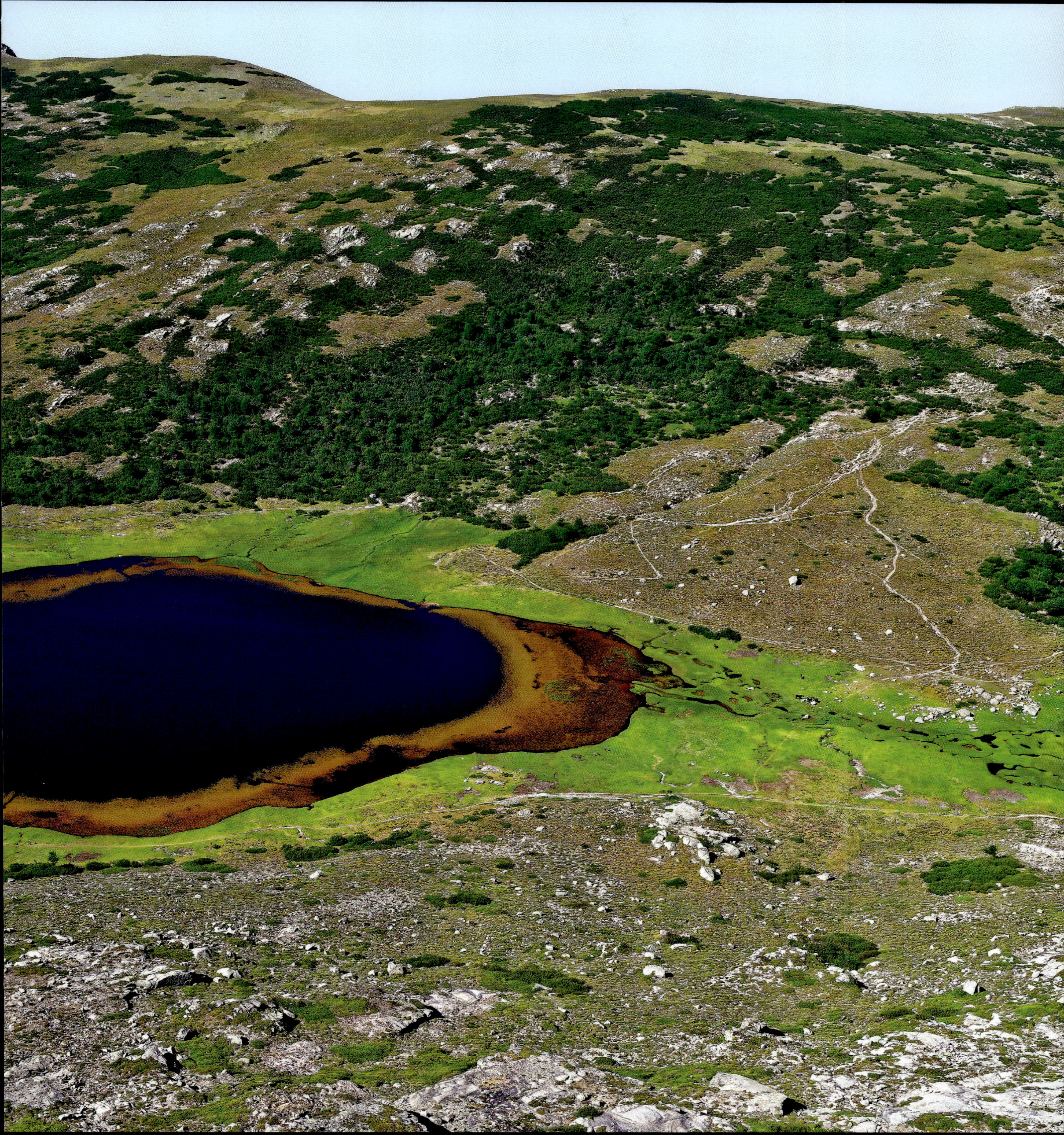

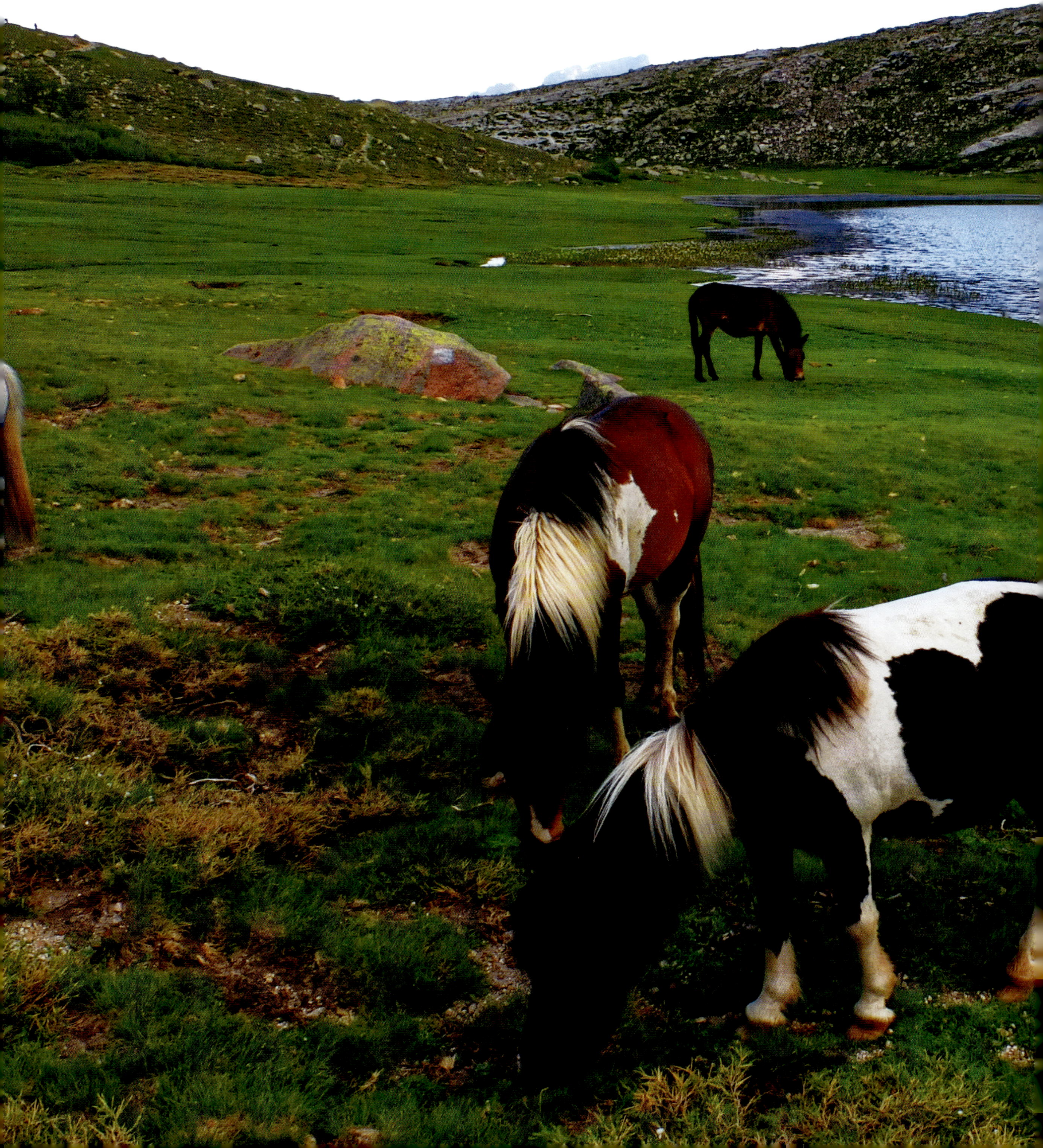

137

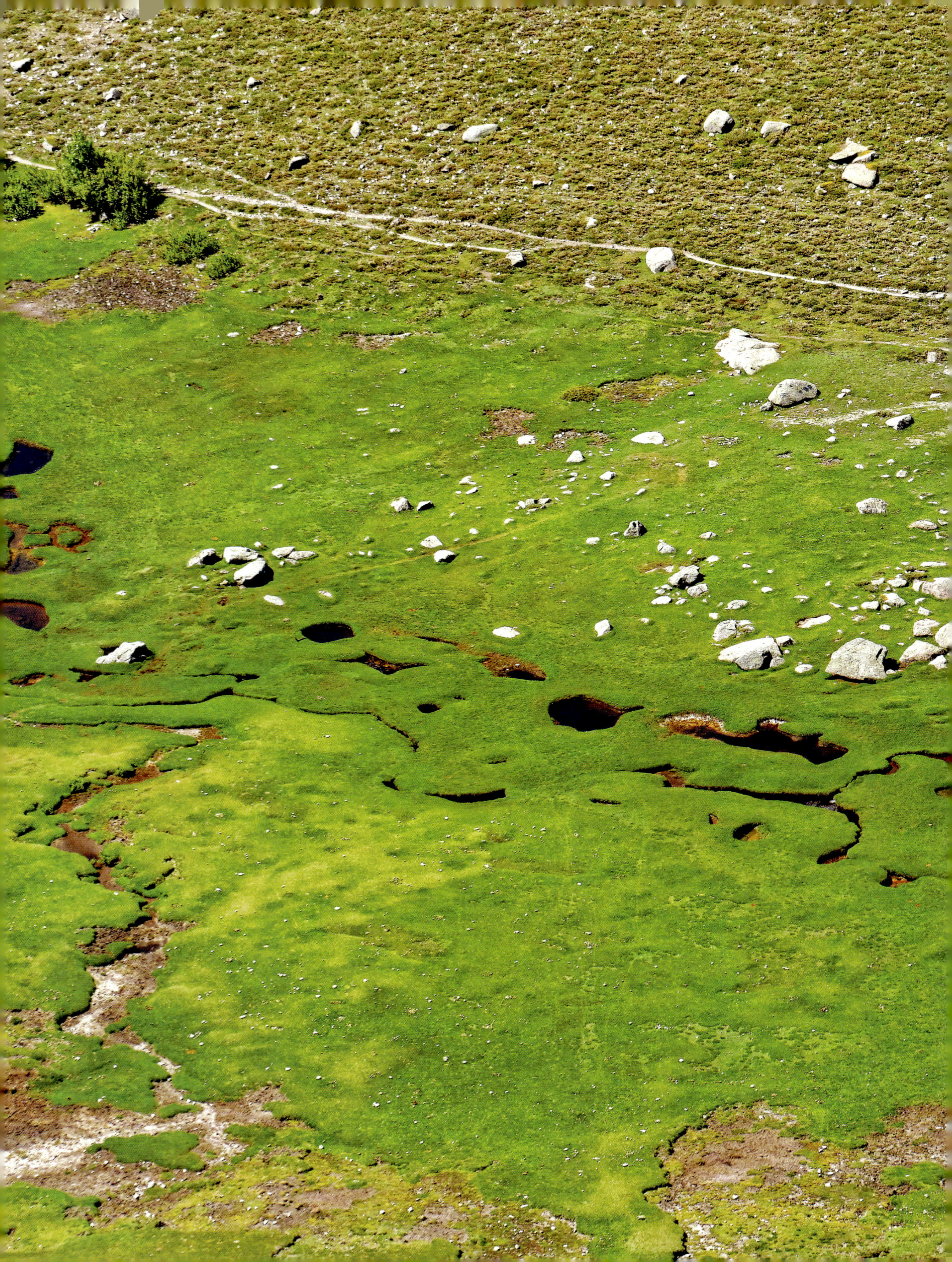

Un véritable havre de paix pour les randonneurs

La remontée vers le lac

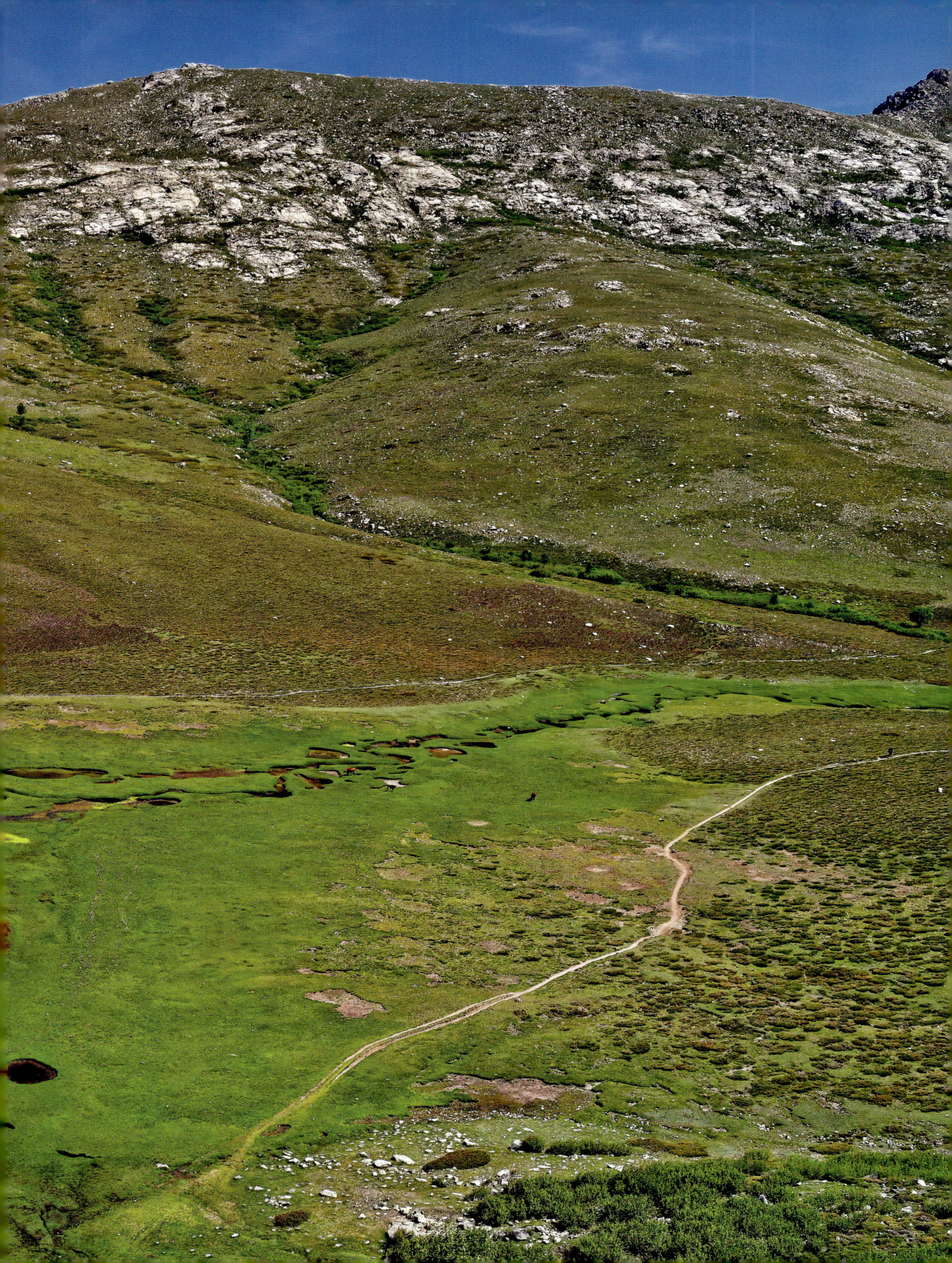

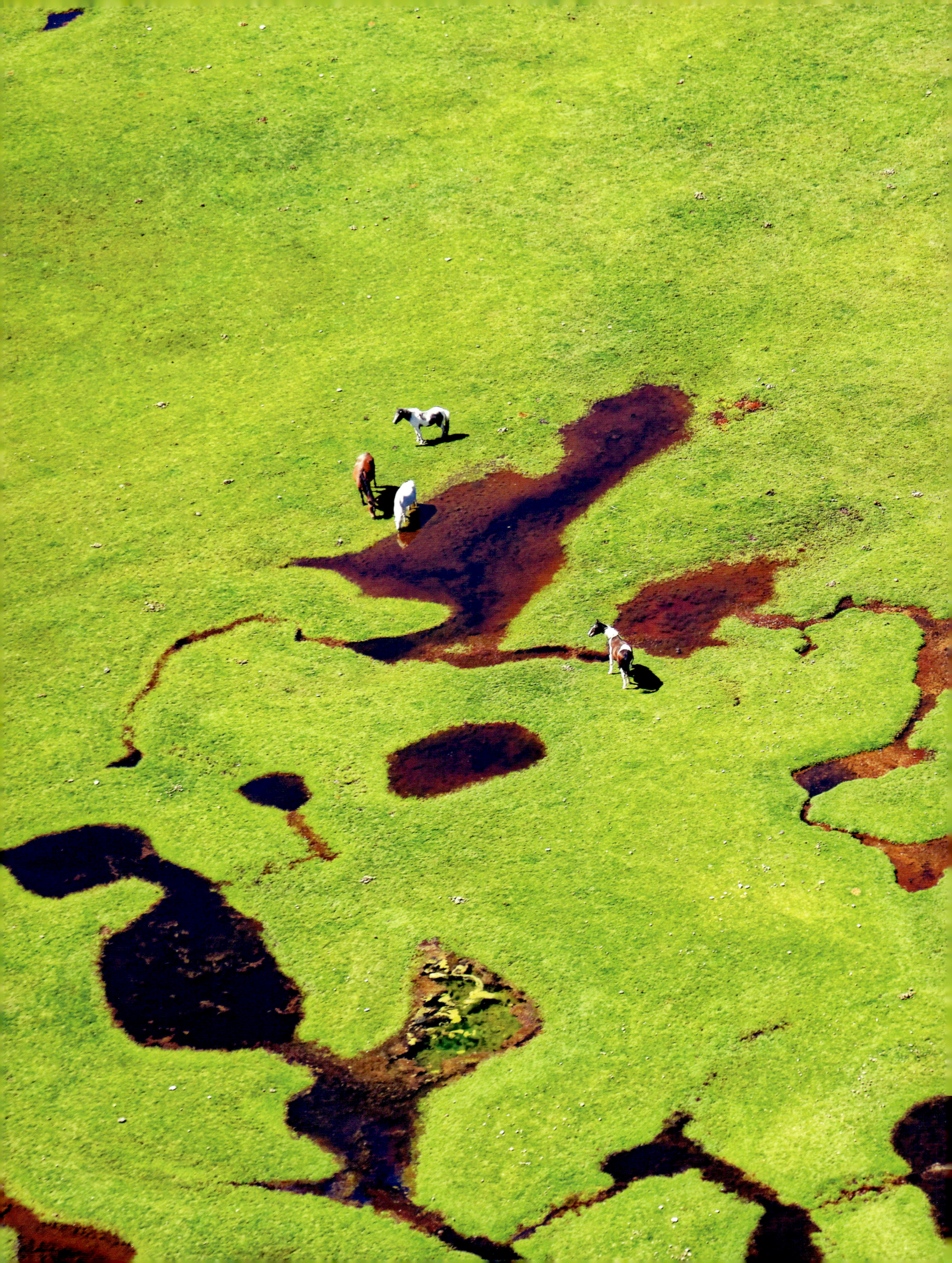

Ninu et ses animaux en liberté

53 Lac de MELU : 1711 m
Lac vedette

Outre un record de fréquentation (jusqu'à 1500 personnes par jour en plein été), notre vedette possède un record moins connu, celui du plus grand bassin-versant avec 173 hectares. Comprenez, le plus grand "réservoir" de pentes pouvant amener de l'eau mais aussi de la neige au moulin, pardon au lac.

Par un balisage de couleur jaune au départ du parking avant les bergeries de Grotelle, deux itinéraires sont possibles. L'un passe par des échelles, l'autre pour les gens sujets au vertige, n'en comporte pas.

Sur le sentier qui mène aux lacs de Melu et Capitellu

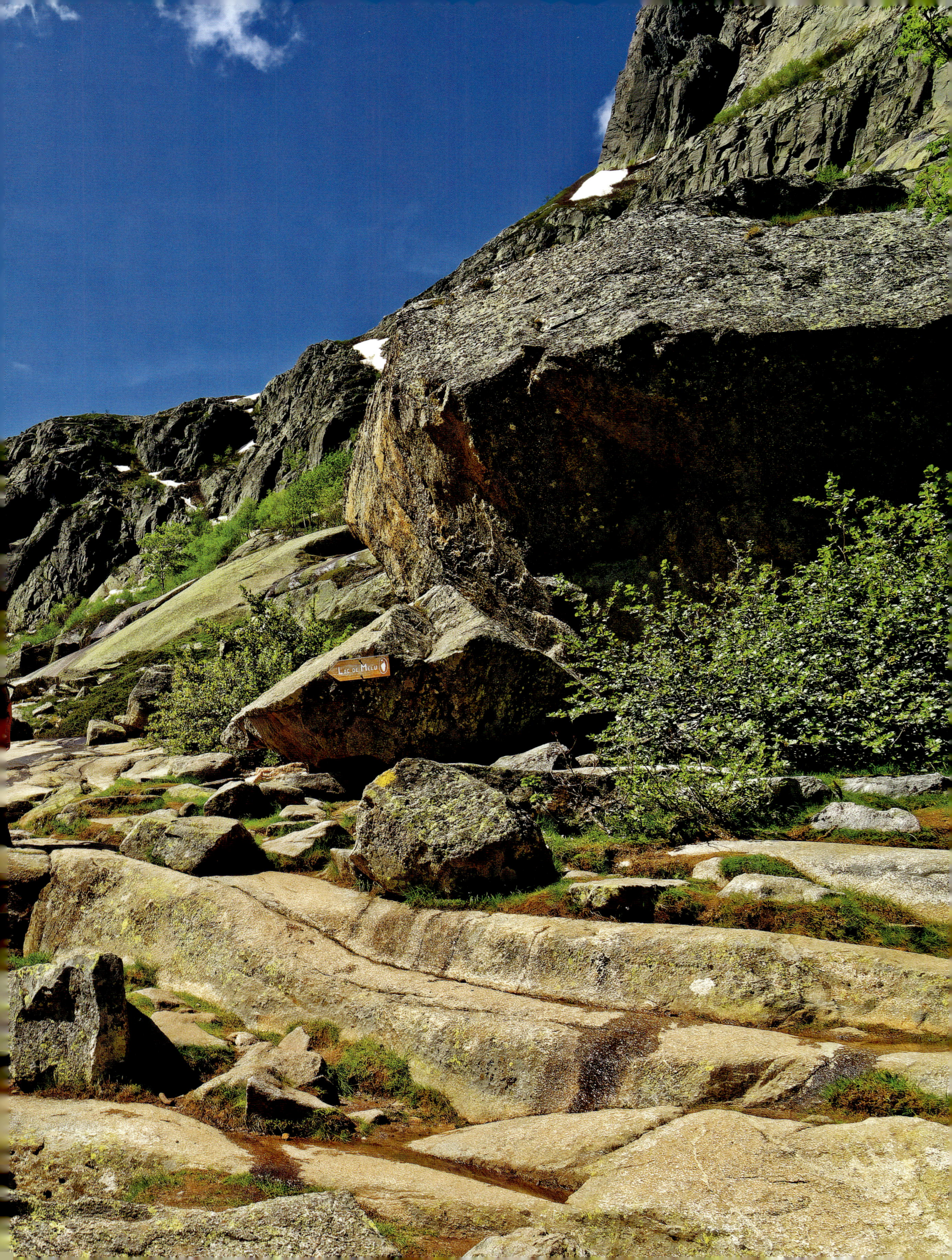
LAC DE MELU

Melu vu du sentier qui monte à Capitellu

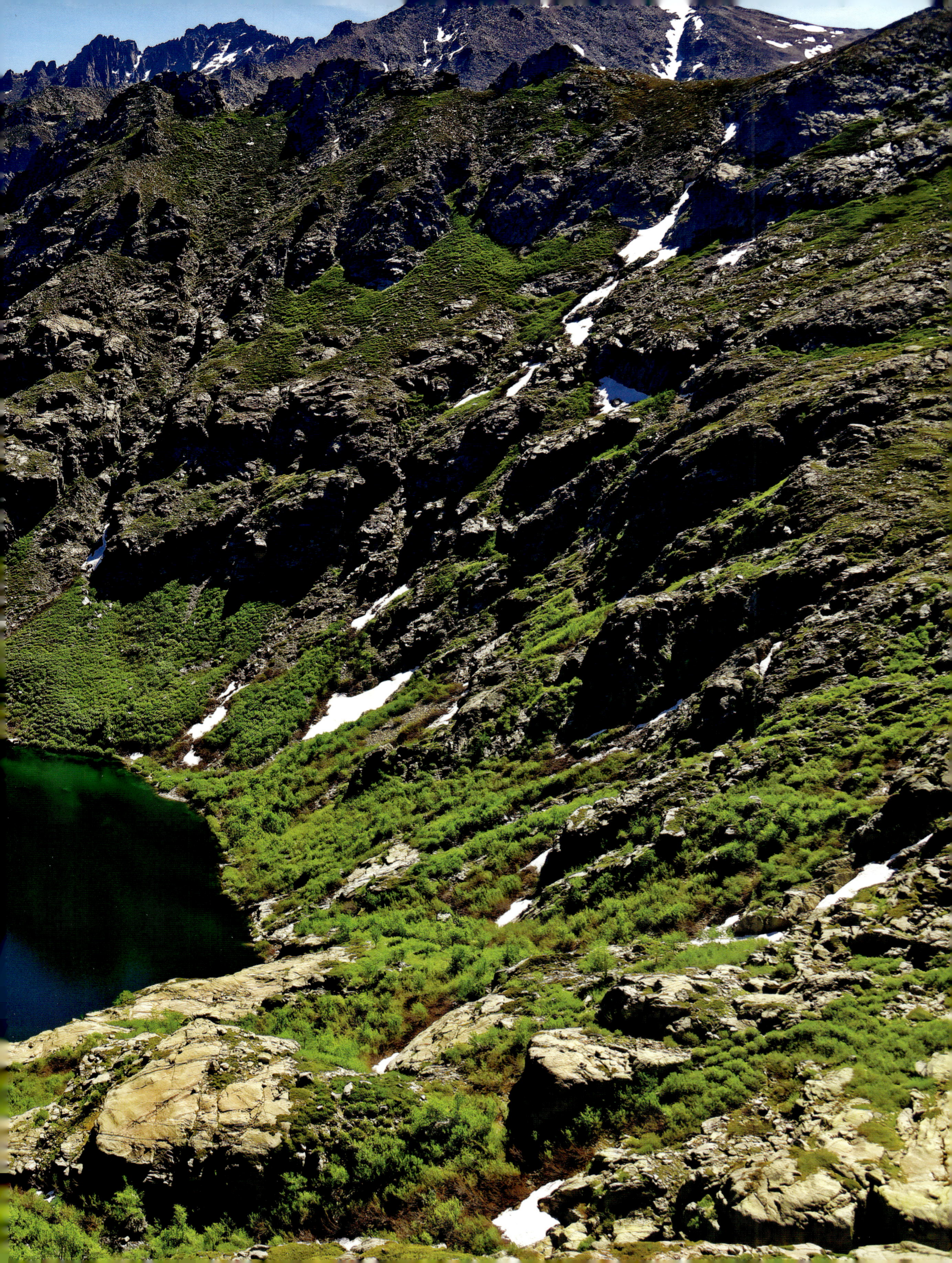

Une vue de la berge du lac de Melu

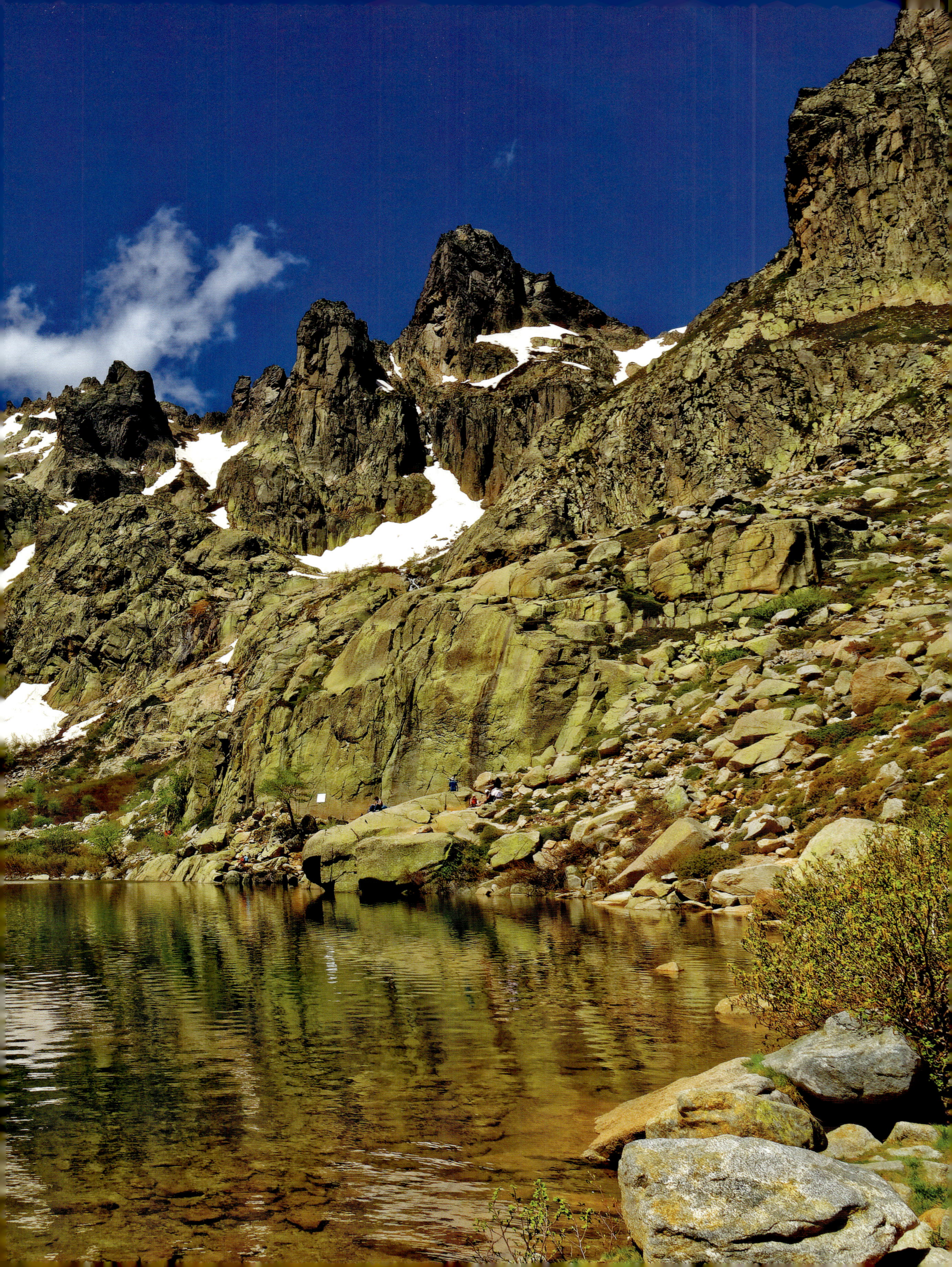

54 Lac d'ALZETA : 1700 m
Lac intermittent

Indissociable des bergeries éponymes, dont les couleurs nous feraient presque penser à des petits chalets suisses (surtout l'hiver venu…), il est indispensable de bien choisir la date de cette randonnée si l'on veut voir le lac en eau ! Nous avons dû faire plusieurs tentatives nous-mêmes, mais les abords de ce lieu sauvage et préservé nous auront comblés, même si le liquide n'était pas toujours au rendez-vous. Le sommet de Punta di Zorpi tout d'abord, mais aussi quelques "tafoni" tout à fait notables, ornent la crête surplombant le site.

Deux itinéraires sont possibles pour atteindre ce site : de Vizzavona par le GR 20 au milieu des asphodèles, mais aussi par la piste au départ du pont de Canali, vers Ghisoni.

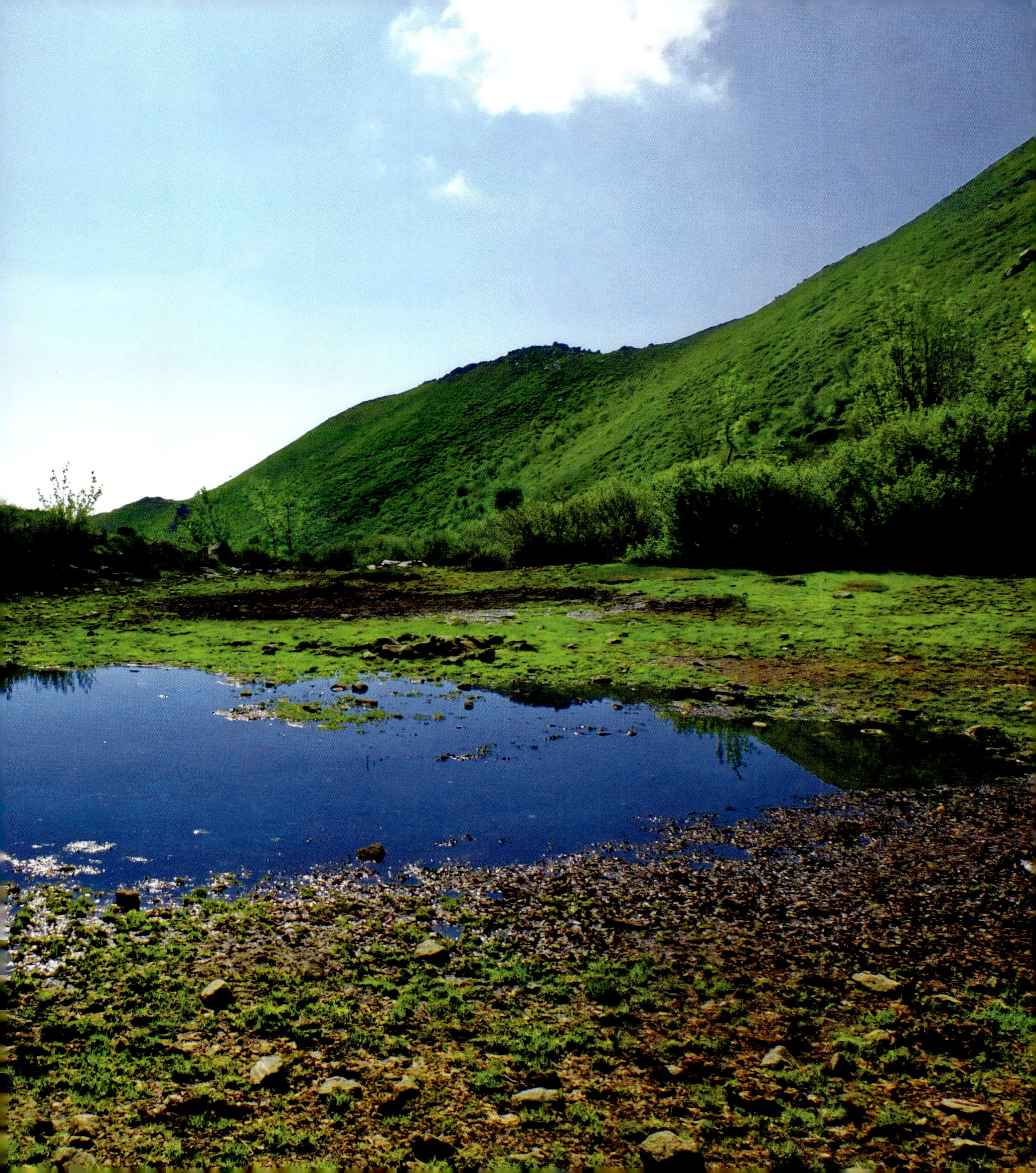

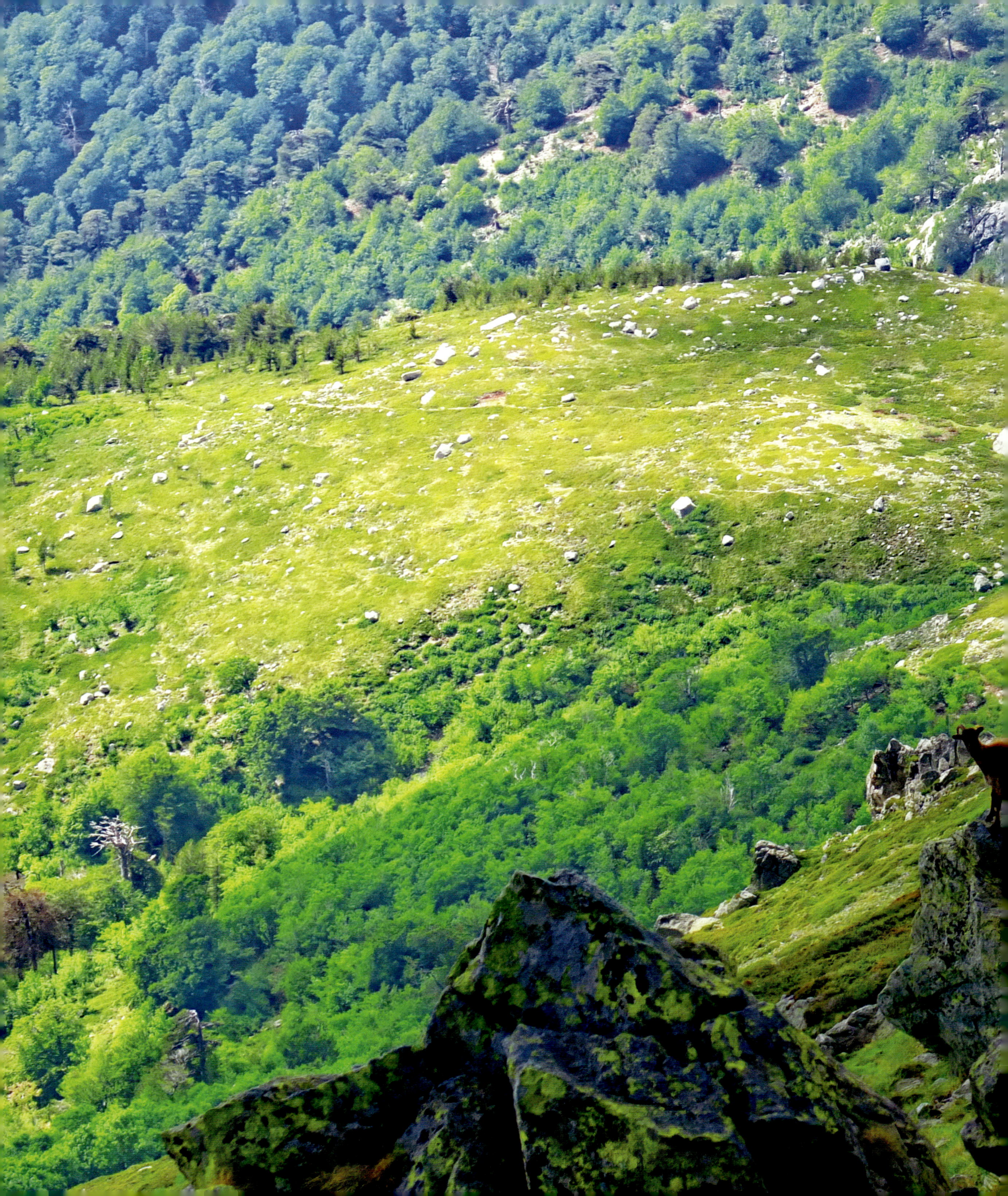

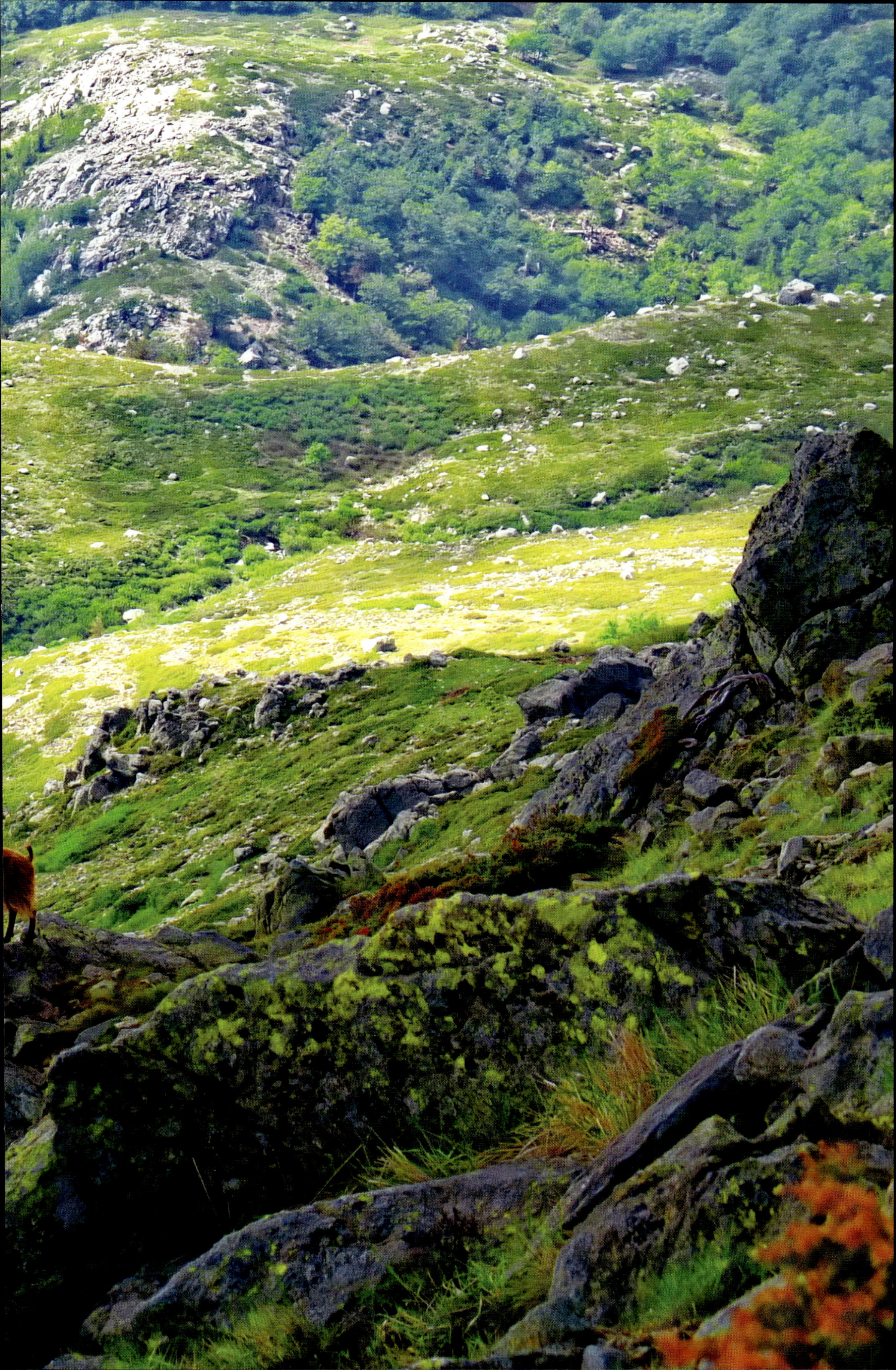

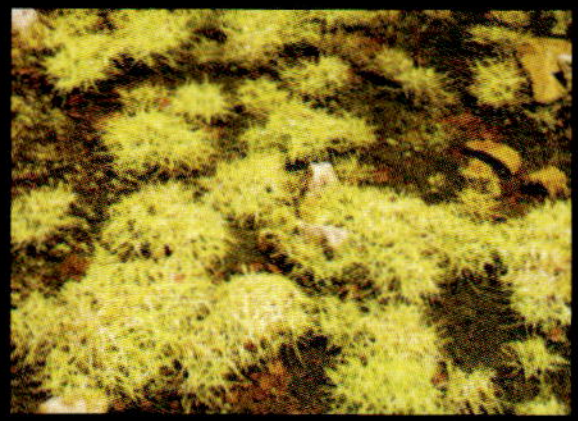

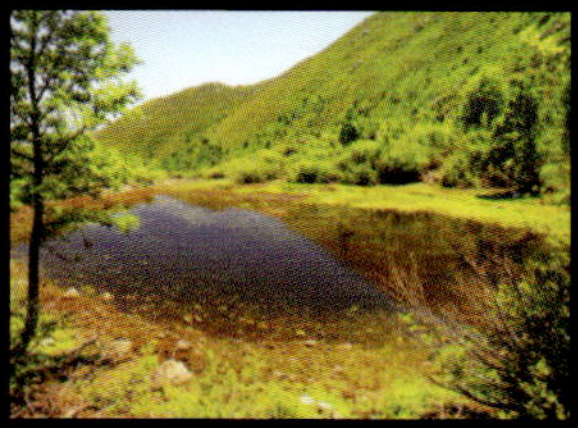

En amont du centre de ski d'Ascu, le petit lac de Stagnu entouré de pins Larricci, perd ses eaux en été. L'hiver, le site est fréquenté par les skieurs venant de Bocca Tumaginesca. Relancée lors de l'hiver 2015, cette petite station du centre de l'île a connu ses heures de gloire dans les années 1970 / 1990. Aujourd'hui, après la création d'un téléski, d'un fil-neige et d'un tapis roulant, il semblerait que le projet de la seconde tranche soit mis en sommeil, au grand dam des skieurs insulaires, de plus en plus nombreux.

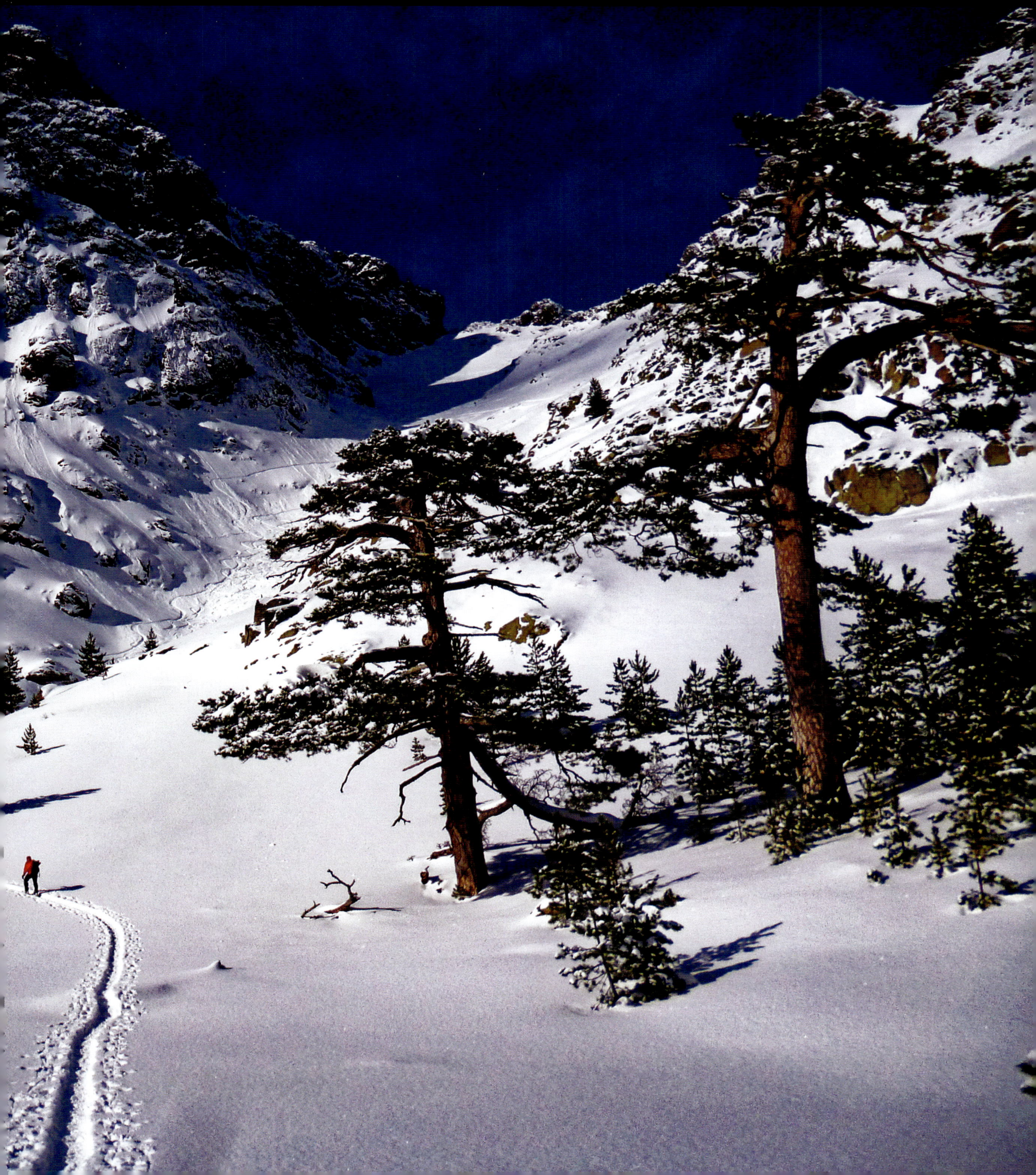

56 Lac de CURACCHIA (i Pozzi) : 1645 m
Lac insolite

Dans la partie inférieure du torrent de Curacchia, en rive gauche, se nichent deux petites pièces d'eau, envahies par une végétation aquatique de lentilles d'eau. De formes étirées, les deux lagucci (petits lacs) s'incrustent dans des cuvettes granitiques, comparables à de grandes baignoires. Les bergers de l'Onda les appellent i Pozzi. Accès de Vizzavona par le chemin qui serpente vers le Migliarellu, ou par Canaglia et le refuge de l'Onda.

Curacchia envahi par la brume

André-Gérard, le berger qui emmène ses bêtes sur le site de Curacchia

57 Lac de CURACCHIA (Pozzu aval) : 1640 m
Lac biotope

C'est le lac voisin du Curacchia (Pozzu amont), un faux jumeau lové sur un minuscule plateau moins caillouteux. L'eau est peu profonde, une cinquantaine de centimères au mieux. Le site est grandiose et sauvage sous les parois nord du Migliarellu. Un rien sépare les deux lacs, différents par la géométrie et la biologie aquatique.

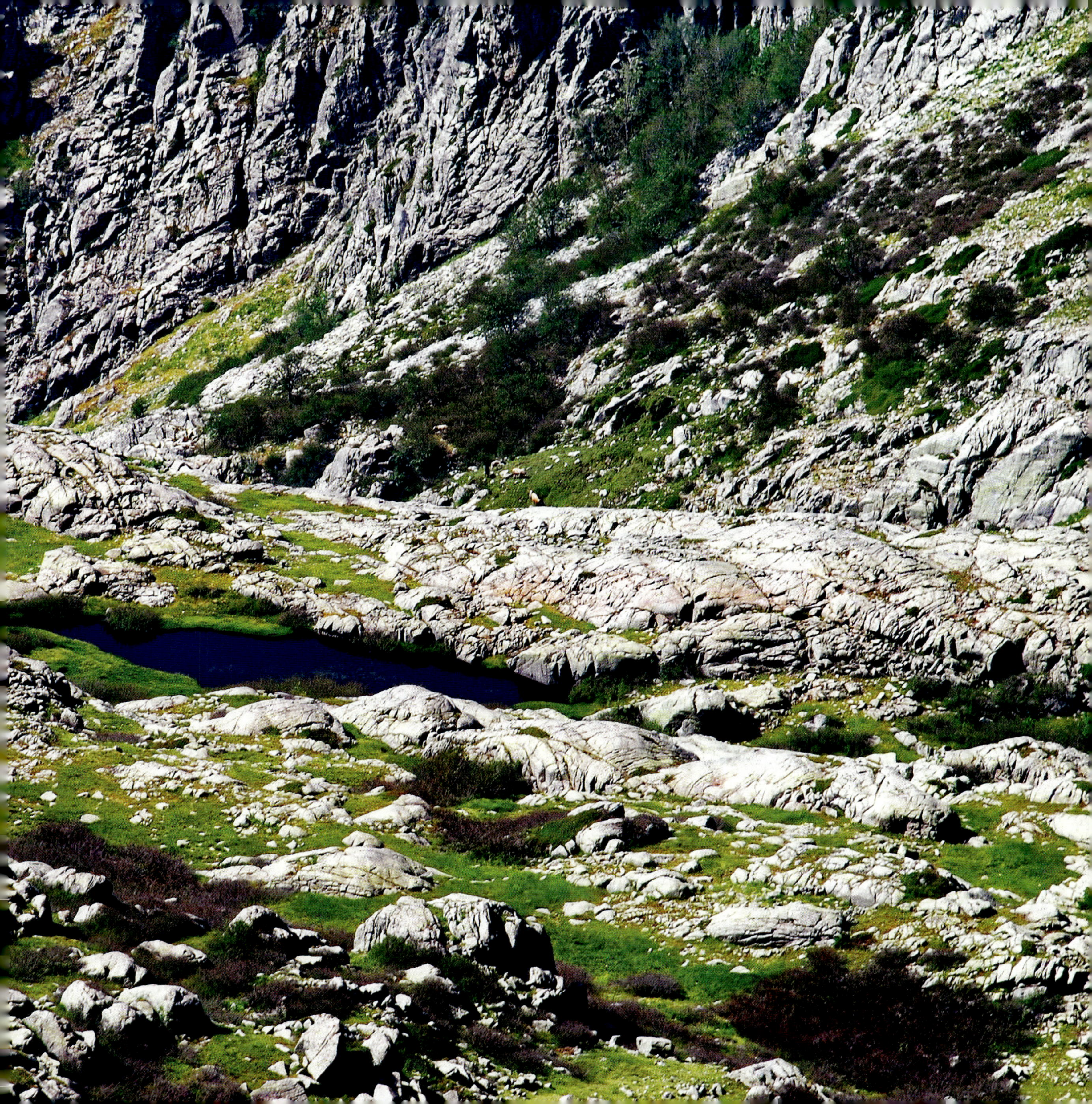

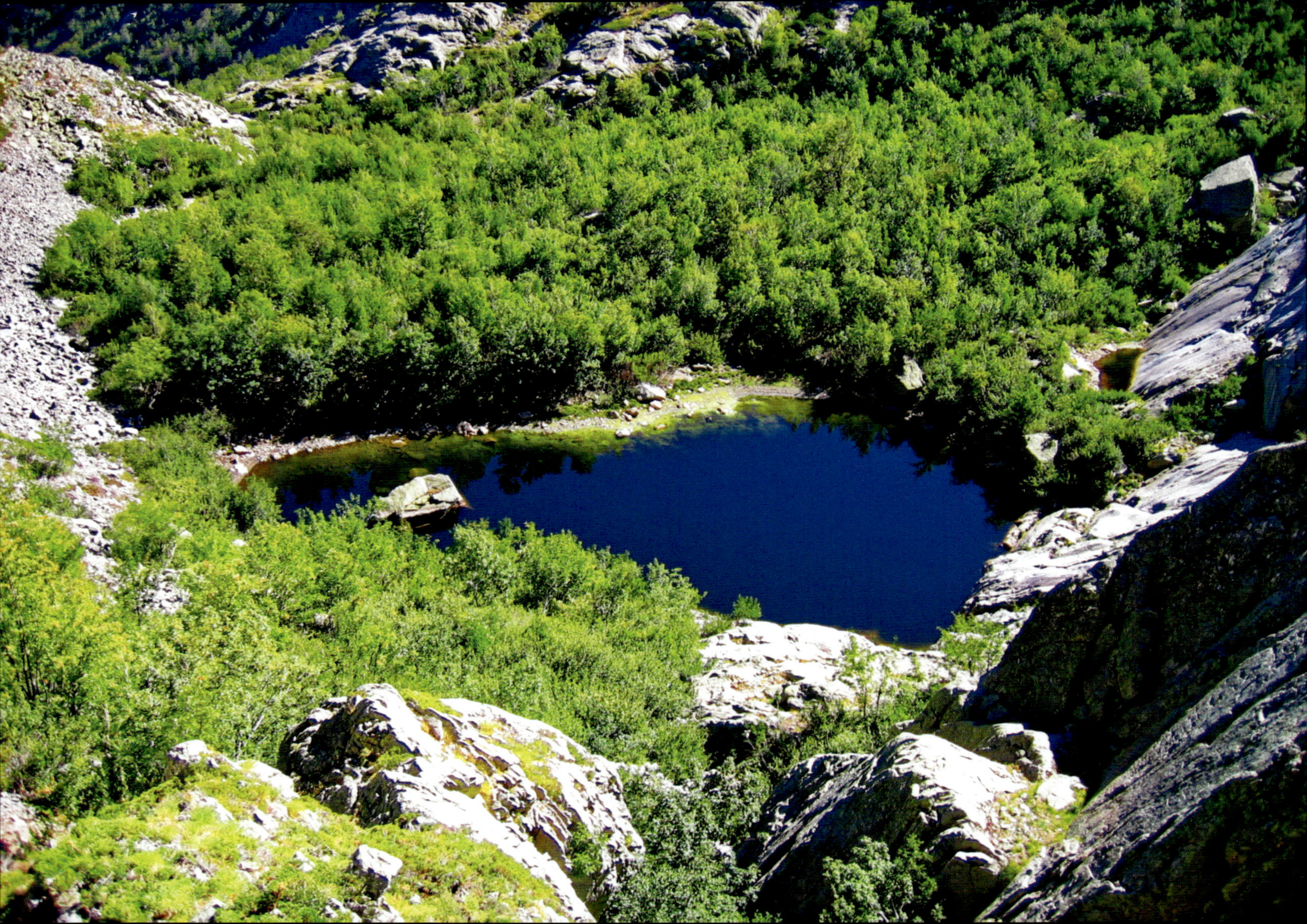
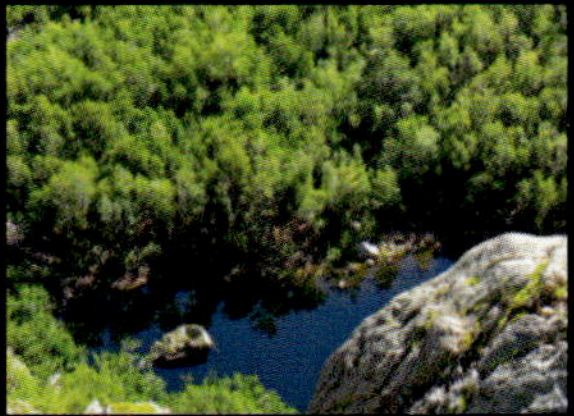
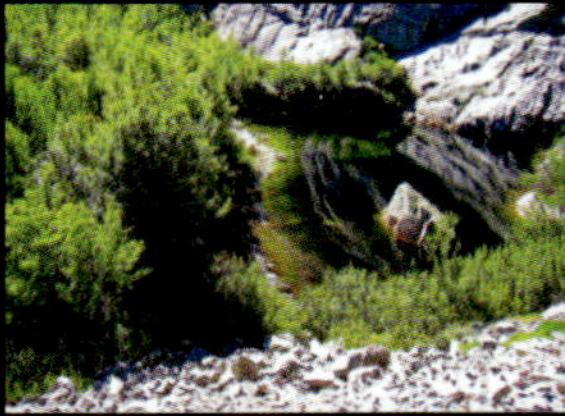

59 Lac de GHJALIGHETTA PIANA : 1523 m
Lac plat

Du hameau de Canaglia (commune de Vivariu), en remontant la vallée du Manganellu aux vasques émeraudes, on rejoint sous les Pinzi Corbini le lac de Ghjalighetta Piana, nommé étang sur les cartes. Appellation impropre, car c'est un vrai lac de montagne, dont la particularité est d'être en partie envahi par des potamots, plantes aquatiques que l'on retrouve uniquement au lac de Ninu. Dans le secteur, se trouvent les bergeries du même nom, ensemble unique de constructions en pierres sèches parmi les plus belles de Corse.

Le COSCIONE : 1500 m
Lac plateau

...st sur ce plateau, campé à 1500 m d'altitude en moyenne, ... l'on trouve le dernier sommet de plus de 2000 m sur la ...îne Nord-Sud, c'est-à-dire le Monte Incudine et ses 2134 m. ...tre ce dernier géant bordant le GR 20, les « pozzine » du ...scione ne peuvent être oubliées dans cet inventaire des zo... humides de Corse. Une flore particulière peuple le plateau ...c des aconits, des ancolies de Bernard, des gentianes jau... et autres grassettes (pinguicula corsica), alors que chevaux, ...bis, chèvres et vaches s'ébrouent. On est ici au paradis, ...c une herbe riche grâce à un secteur souvent arrosé par les ...ges du sud, voir le brouillard, même en été !

...hiver, ce secteur avait été présenté pour en faire un centre ...dique, propice à la pratique du ski de fond plus particulière...nt. Un refuge y a même été construit au-dessus de Quenza, ...is ce beau projet semble avoir été freiné par le réchauffe...nt climatique…

... y accède soit de Cozzano, soit de Quenza, mais aussi par ...bergeries-refuges d'Azinao.

...t dernièrement, un randonneur a été foudroyé sur ce pla...u, et recherché durant de longues journées. En cas d'orage, ...ésitez pas à décaler votre randonnée, comme la prudence ...ige !

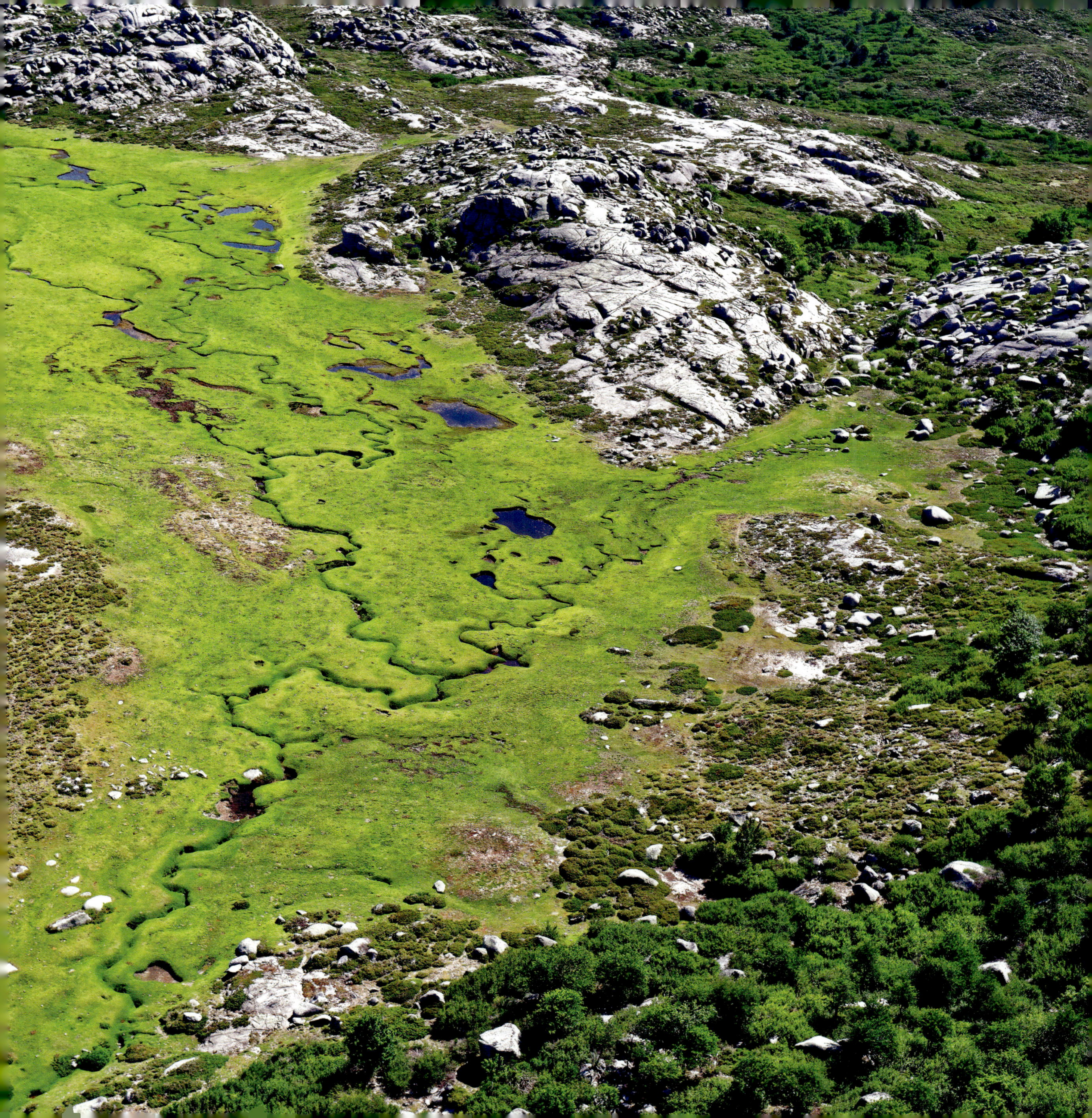

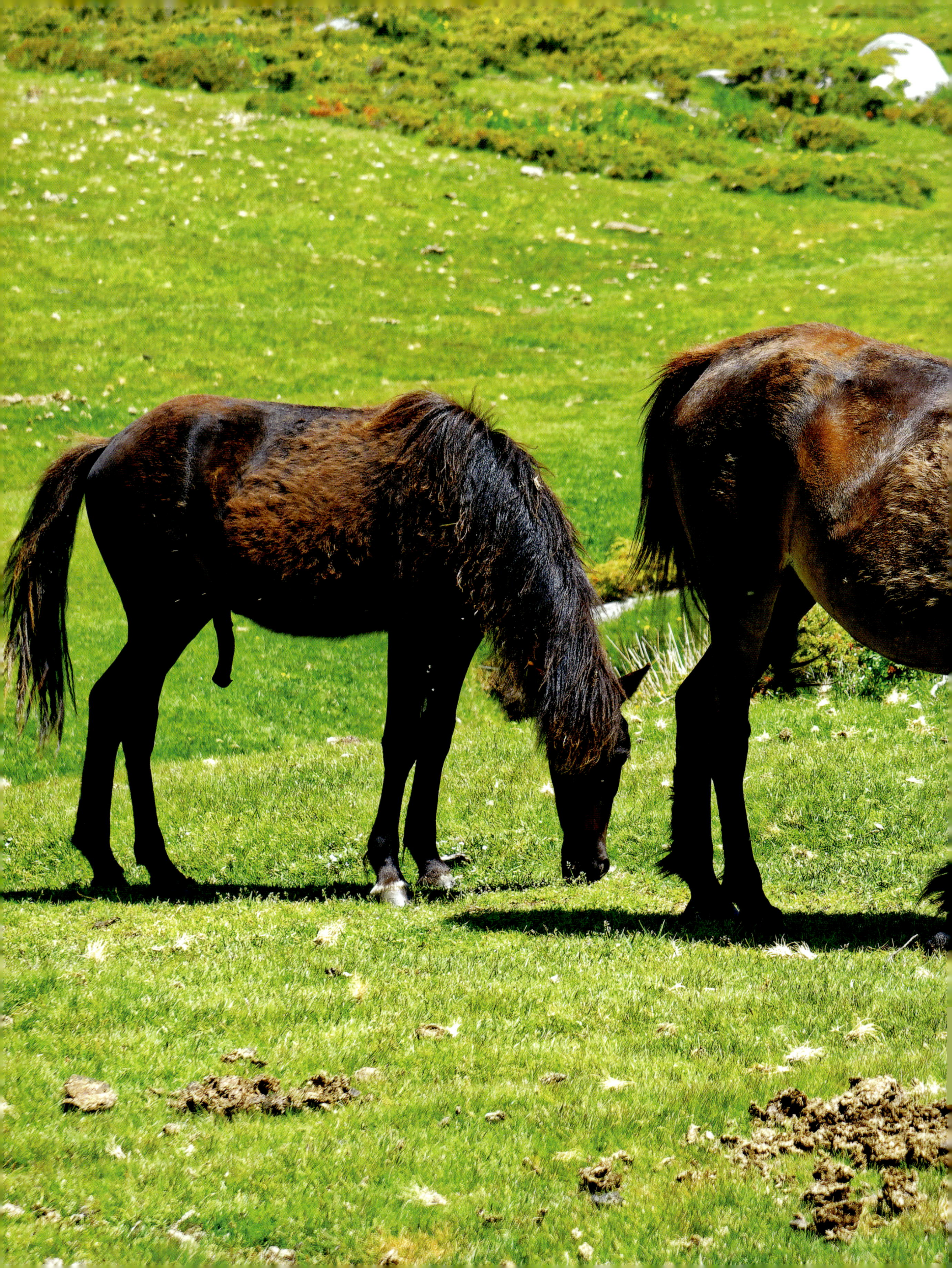

Les chevaux du Coscione

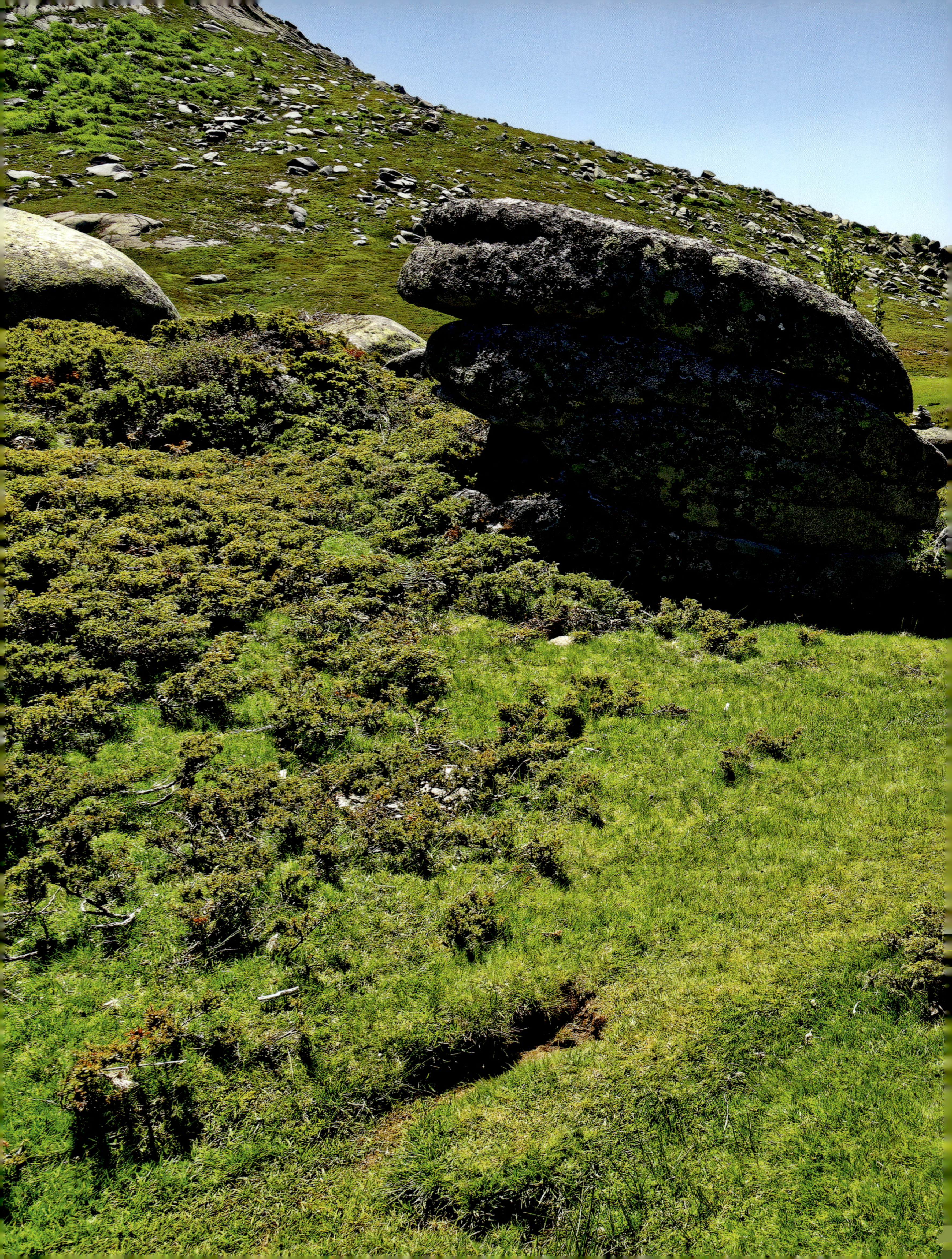

Le plateau est immense avec des rochers géants, des pozzi, des vallons et la proximité du plus haut sommet du sud, l'Incudine

Le Coscione et ses nombreuses pistes

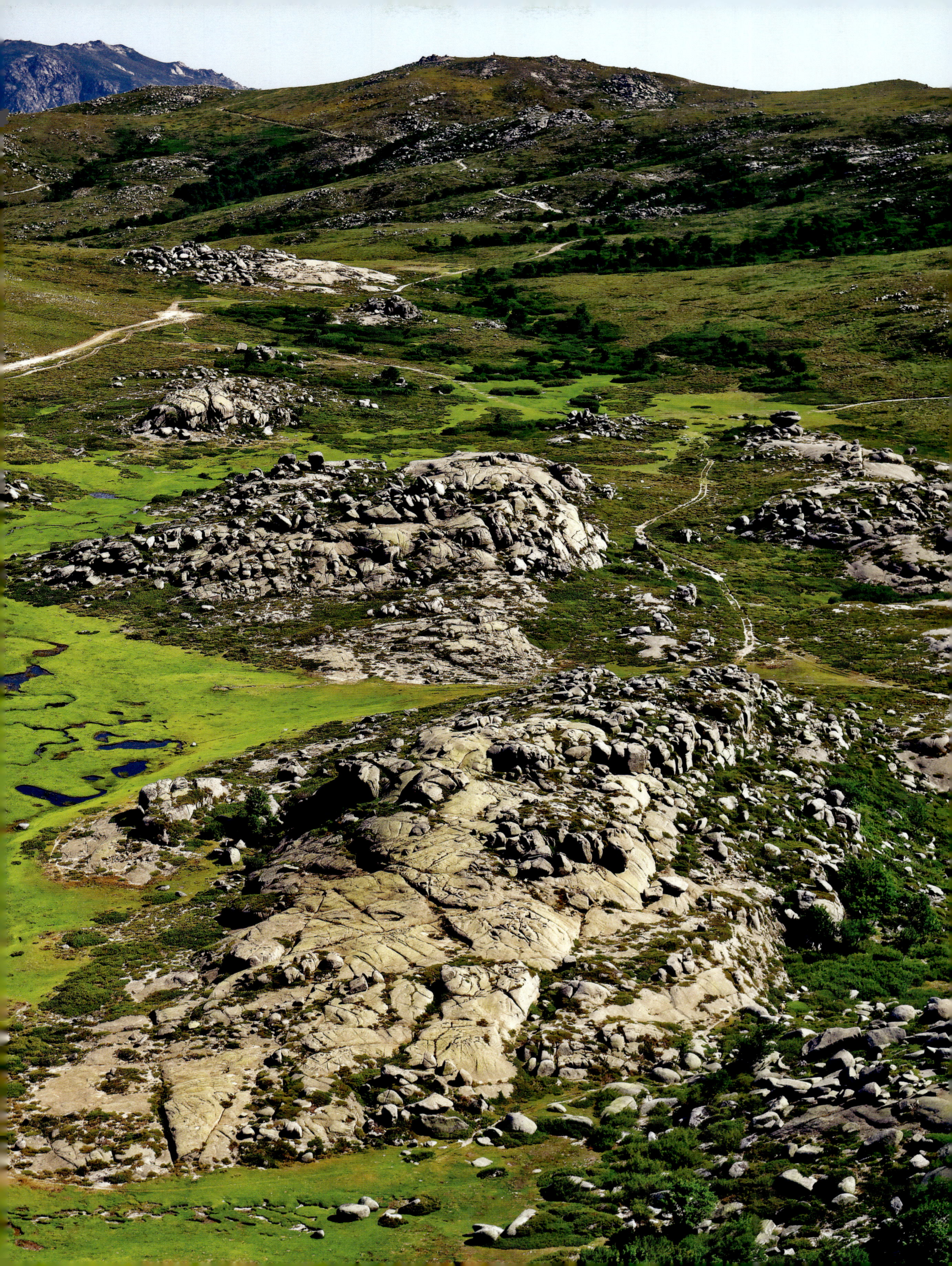

61 — Lac du PAGLIA ORBA : 1365 m
Lac reflet

Ce petit miroir orné de quelques jeunes Laricci, est niché dans le roc. Il reflète les pics acérés des sommets alentour. Superbe pièce d'eau aux couleurs changeantes, où se reflète la silhouette puissante du majestueux et puissant Paglia Orba, qui semble trembler sur l'onde agitée !
C'est un lieu de passage obligé des alpinistes projetant l'ascension de la superbe voie Finch en face est, mais également des randonneurs chevronnés se rendant à la brèche dite « des géologues ». A noter également la grande muraille dénommée « grande barrière », qui relie la Punta Minuta au Paglia Orba, barrant l'horizon vers l'ouest.

rtes anciennes mentionnent lac de Crena. s est sans conteste le lac le plus facilement vec une seule heure de marche pour l'aller, age de Soccia. N'allez pas croire que ces che et violette flottant sur les eaux sombres ais plutôt le résultat d'une semence exogène ou par des oiseaux migrateurs, selon

hapelle Sant'Eliseu honore le saint tous les

pris que le pèlerinage vers la chapelle "pieds nus" aux temps jadis, et que désormais eux personnes maintenaient cette tradition. accia se déroule ainsi pour le porteur de

gne la célèbre Drosera corsica, une plante

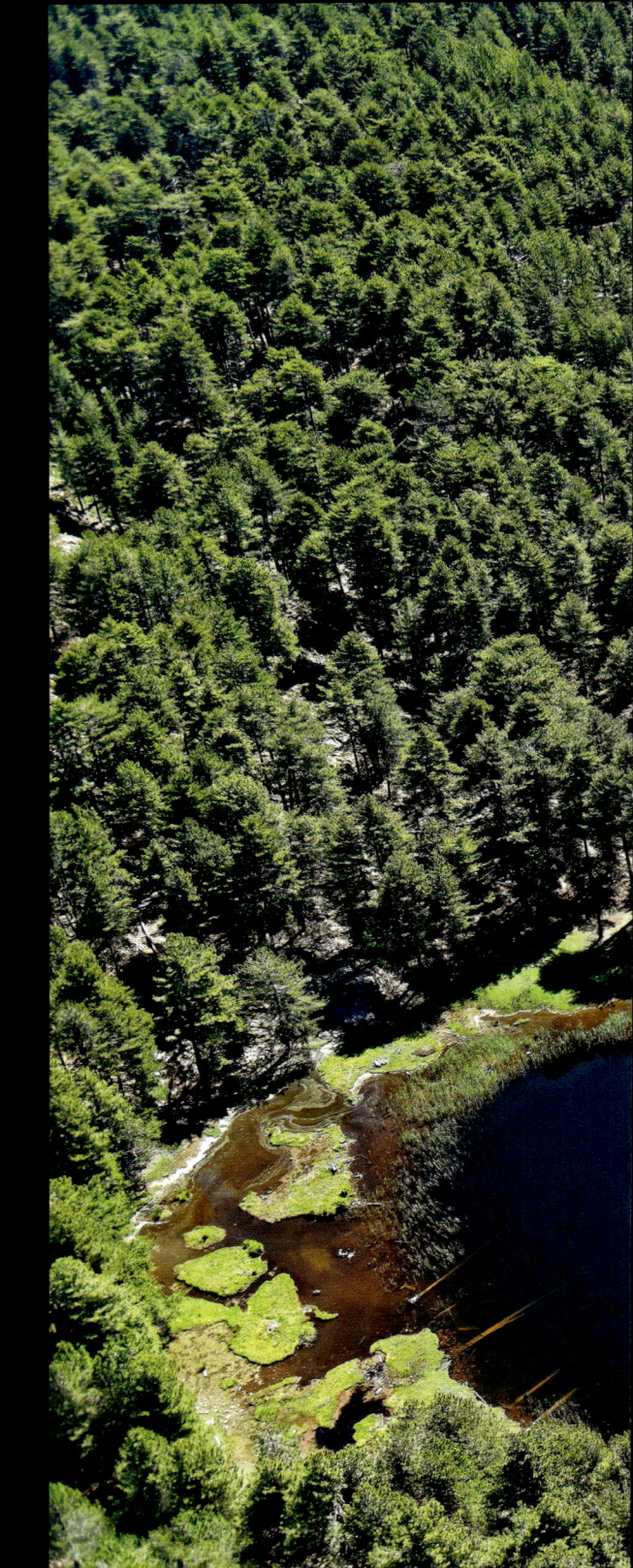

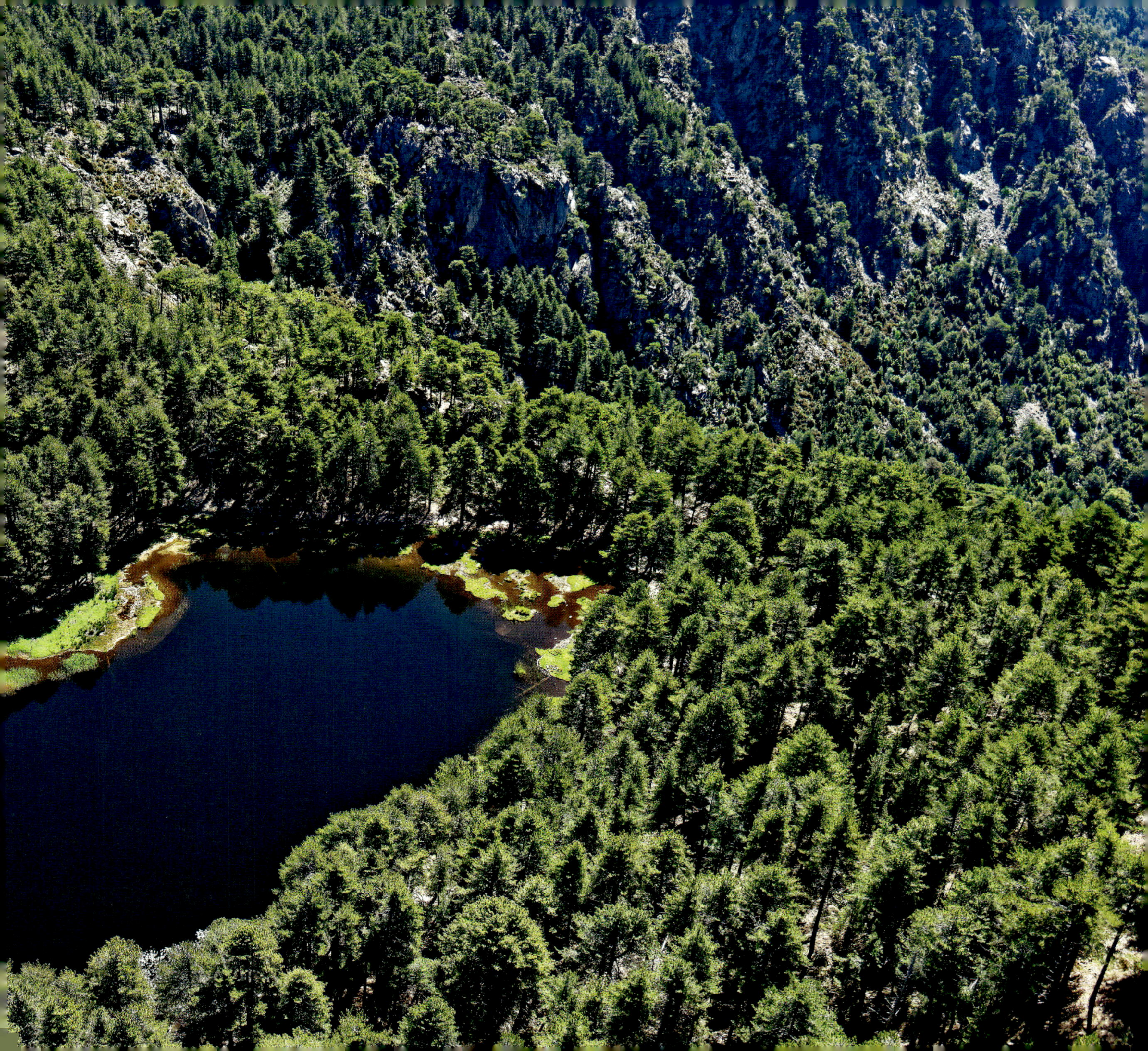

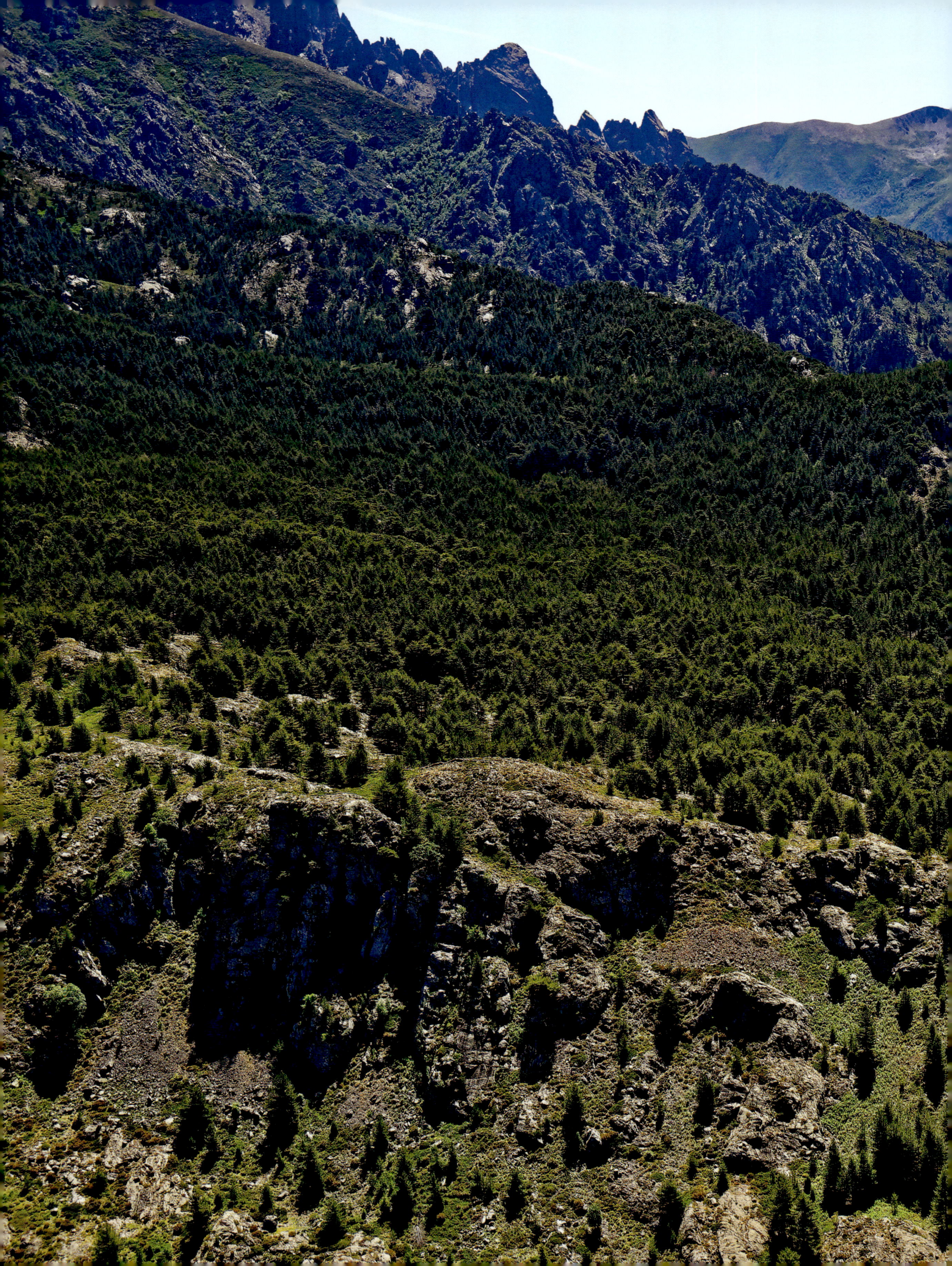

Le lac de Crena, un sublime point de vue sur le décor qui l'entoure

Lac ARATE : 1162 m
Lac aux immortelles

À l'aval du lac de Crena, près des bergeries de l'Arate, un lac circulaire éphémère, aux contours boisés a pris position, tout près du sentier qui conduit à Crena. Au printemps, le terrain est envahi par des immortelles en fleurs.

Après le lac de Crena et Arate, la descente sur Cristinacce, Evisa et Porto

64 Lac de LEVINA : 1160 m
Lac du Boziu

Levina fait partie d'un ensemble de quatre lacs intermittents du Boziu, domiciliés dans la région centrale de l'île.

Levina est le plus important situé sous la magnifique chapelle restaurée de Sant Alesiu (pèlerinage en juillet avec chants traditionnels), située sur un promontoire au-dessus du village de Sermanu. En pleine eau il est peuplé d'une myriade de petites grenouilles ; la rainette sarde. L'été le lac se vide. Cette alternance « sécheresse - humidité » enrichit le milieu en espèces endémiques.

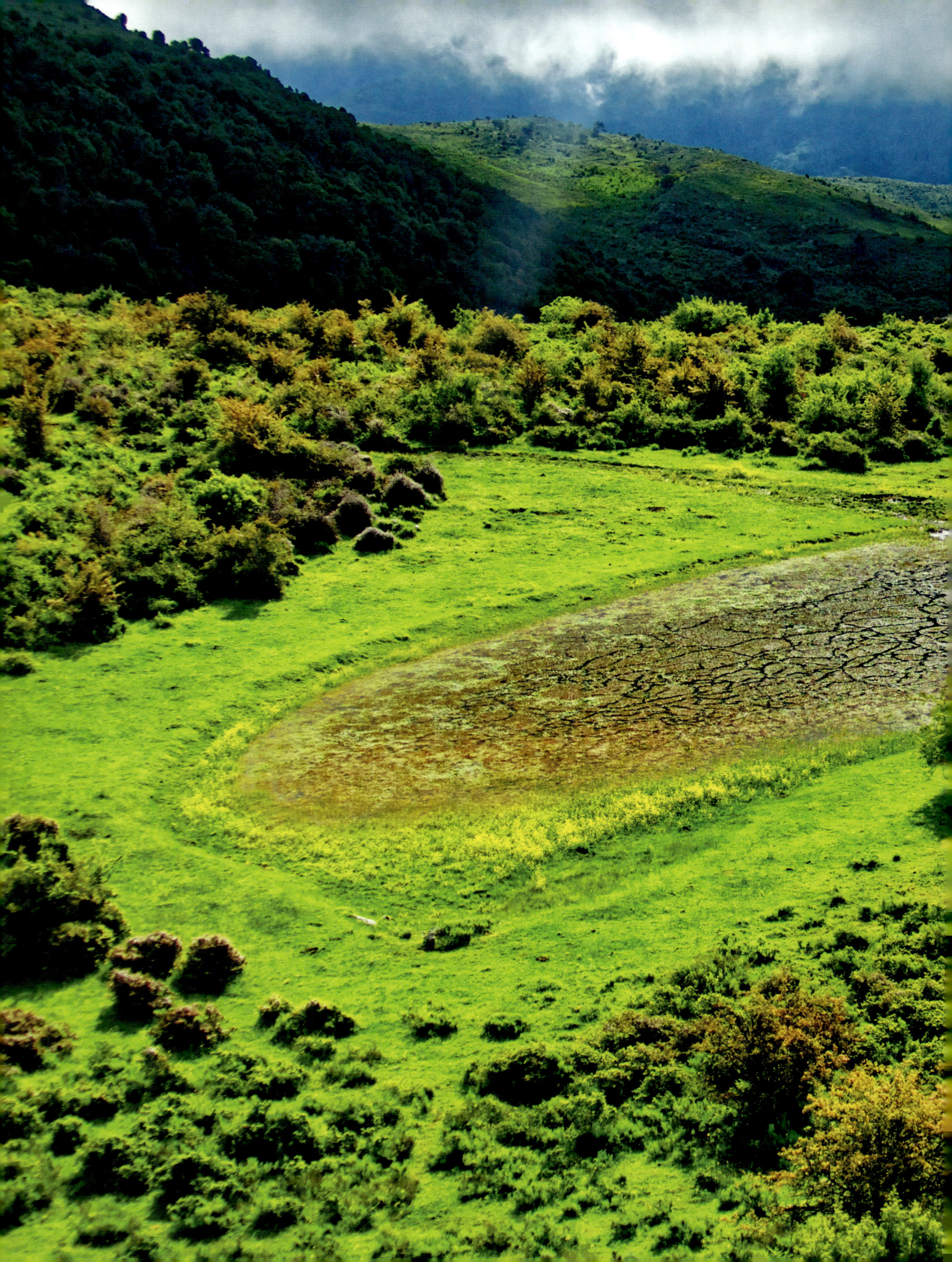

Le lac de Levina avec une lumière magique

Carticasi dans la très belle région du Boziu, le panorama à partir du sentier qui mène au lac Levina

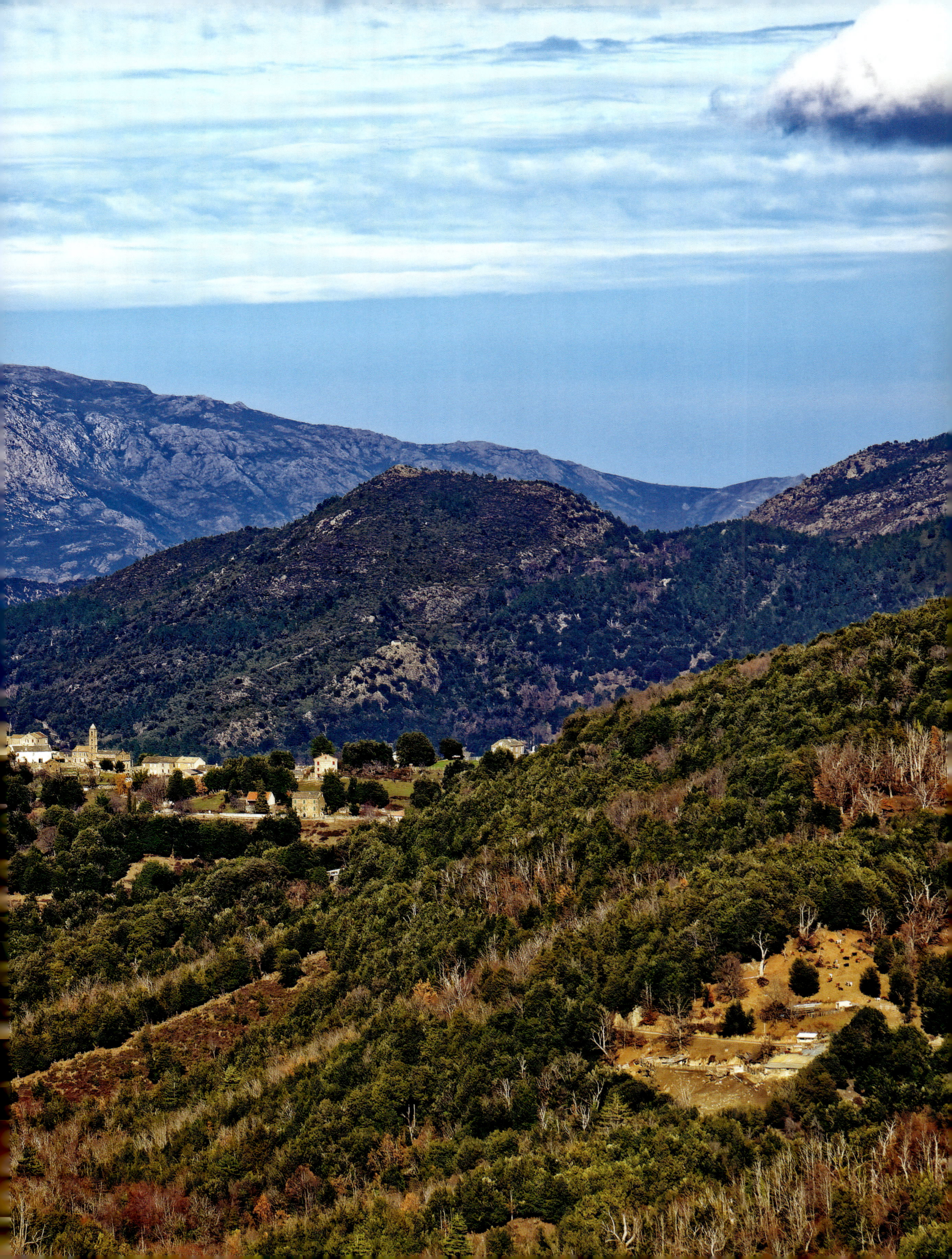

Lac de CERIU : 1105 m
Lac fugace

Lac fugace à cause d'une faible profondeur, dans le grand bleu de son eau temporaire, se renverse l'image de Pta Caldane au pied de laquelle coule la Bravona.
Surplombant la vallée d'Alésani, Punta Caldane et Punta Ventosa culminent à 1724 et 1680 m. Ces deux sommets sont de beaux objectifs de randonnées pédestres, au départ du joli village de Pianellu, ou encore de Mazzola ou de Bustanicu, dans le Boziu.

66 — Lac AGHJA SFUNDATA : 1103 m
Lac patinoire

À proximité de Ceriu dans une petite cuvette, les eaux d'Aghja Sfundata (Aire effondrée) se rassemblent, créant un petit lac qui se transforme lors d'hivers rigoureux, en superbe patinoire. L'aghja est une aire à céréale circulaire bordée par un petit muret, que l'on rencontre fréquemment dans les montagnes insulaires.

Pierrot de Bisinchi

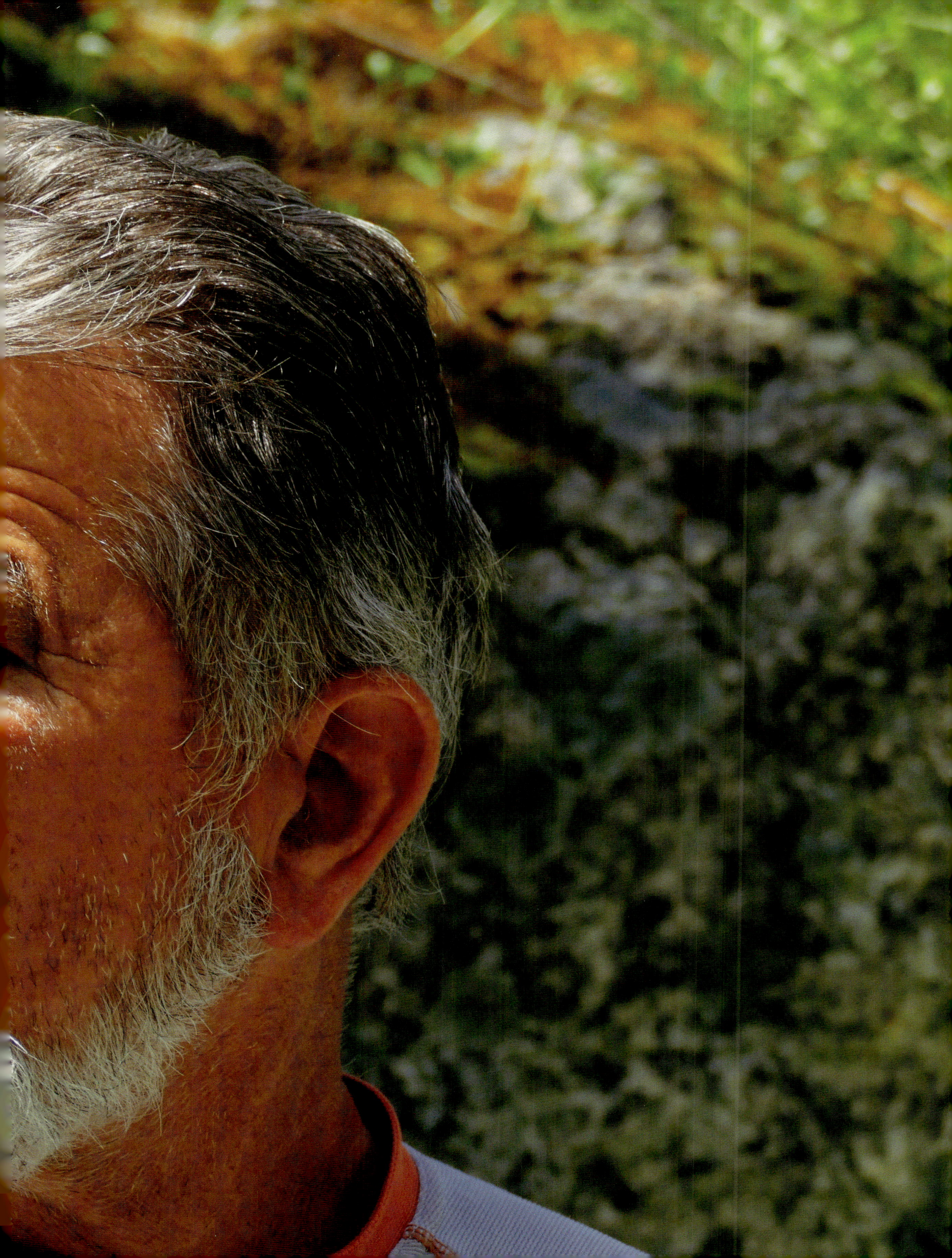

Lac POZZU di PADULE SECCA : 1029 m
Lac asséché

Rarement rempli d'une eau unique mais tragique, car la plupart du temps à sec, d'où son nom de Padule Secca (sèche). Il n'est visible en pleine eau qu'après de fortes pluies ou par grand froid lorsque sa surface gèle.

Le lac de Pantanu est unique en Corse et se distingue de l'ensemble des autres lacs insulaires par une origine qui n'est pas glaciaire. Il naît et meurt à chaque saison, une vraie curiosité assortie d'une altitude record à la baisse.

La singularité réside dans le fait qu'il est presque secret, puisque ne figurant sur aucun livre, et que son approche est dépourvue de marquage. Nous ne décrirons donc pas cette dernière, pour garder le mystère…

Lacs de Corse...

	Nom	Altitude	Massif		Surface m2	Profondeur m	Volume m3
1	GALERA	2.442	Ritondu	lac dominant	500	6	3.000
2	POZZOLU	2.350	Ritondu	lac kaléidoscope	2.000	5	7.500
3	SCAPICCIOLI	2.338	Ritondu	lac masqué	2.500	6	10.000
4	CRUCETTA Supranu	2.335	Cintu	lac névé	300	2	600
5	BELLEBONE	2.321	Ritondu	lac géant	75.000	35	1.800.000
6	MANICCIA	2.310	Ritondu	lac météo	200	1	120
7	ARGENTU	2.300	Cintu	lac perle	1.000	3	1.600
8	LANGONE	2.300	Cintu	lac papillon	8.000	8	60.000
9	CINTU	2.289	Cintu	lac majesté	10.000	14	100.000
10	CRUCETTA Suttanu	2.280	Cintu	lac paisible	200	1	150
11	SCAFONE	2.261	Ritondu	lac cuvette	100	1	70
12	RAZZINU Supranu	2.260	Ritondu	lac précurseur	600	2	500
13	RAZZINU Suttanu	2.250	Ritondu	lac compagnon	400	1	300
14	GHIARGHE POSSE	2.180	Cintu	lac rouge	2.000	1,5	2.000
15	OCCHI NERI Supranu	2.170	Cintu	lac noir	400	1	400
16	OCCHI NERI Suttanu	2.150	Cintu	lac serein	300	1	300
17	PUNTA SETTE LAGHI	2.150	Ritondu	lac protéiforme	200	1	150
18	BORBA	2.150	Cintu	lac sombre	120	1	90
19	RINELLA	2.130	Ritondu	lac métamorphose	350	3	700
20	BRACCA	2.090	Rinosu	lac pomme	8.000	7	45.000
21	BASTANI	2.089	Rinosu	lac au cœur	44.000	24	400.000
22	RINOSU Supranu	2.082	Ritondu	lac goutte d'eau	420	5	100 00
23	RINOSU Suttanu	2.065	Ritondu	lac de la sérénité	10.000	12	2.100
24	ORIENTE	2.061	Ritondu	lac sursitaire	10.000	2	15.000
25	SORBU	2.060	Ritondu	lac sauvage	3.500	3	5.000
26	PORTE	2.040	Ritondu	lac sublime	80	0,5	30
27	TUMAGINESCA	2.033	Cintu	lac perdu	200	2	150
28	BRACUCCIU	2.020	Rinosu	lac satellite	50	1	45
29	CAVICCIOLI	2.015	Ritondu	lac source	6.000	6	24.000
30	ORU Maio	1.970	Oru	lac cristallin	12.000	12	120.000
31	MANGANU	1.969	Ritondu	lac obscur	250	1	200
32	ARINELLA Supranu	1.953	Ritondu	lac ignoré	350	1	250
33	ARINELLA Suttanu	1.950	Ritondu	lac de l'absence	500	4	1.000
34	CIPRIANU	1.940	Ritondu	lac du berger	250	1	200
35	CAPITELLU	1.930	Ritondu	lac saphir	55.000	42	1.500.000

...Pour être plus précis !

	Nom	Altitude	Massif		Surface m2	Profondeur m	Volume m3
36	CORACCHIA Supranu	1.920	Cintu	lac étrange	80	1	50
37	NIELLUCCIU	1.919	Rinosu	lac secret	11.500	14	110.000
38	CORACCHIA Suttanu	1.907	Oru	lac de l'arche	100	1	80
39	TRINBULACCIU 1	1.900	Cintu	lac du cirque	100	1	70
40	TRINBULACCIU 2	1.900	Cintu	lac des oiseaux	60	1	45
41	RINA Supranu	1.882	Rinosu	lac du large	6.000	1	3.000
42	TRIGGIONE	1.880	Ritondu	lac évanescent	200	0,5	150
43	MUVRELLA	1.855	Cintu	lac d'automne	1000	2	900
44	GORIA	1.852	Ritondu	lac turquoise	45.000	7	270.000
45	LAVIGLIOLU	1.834	Ritondu	lac aux doroniques	800	4	3.000
46	CEPPU	1.820	Cintu	lac de l'oubli	600	1,5	700
47	RINA Suttanu	1.806	Rinosu	lac des sorbiers	2.000	3	4.000
48	CATAMALZI	1.800	Cintu	lac du froid	100	1	50
49	POZZINES de POZZOLU	1.800	Rinosu	lac disparu			
50	I POZZI de BASTELICA	1.783	Rinosu	lac perforé			
51	VITALACCA	1.777	Rinosu	lac vertige	6.500	4	18.000
52	NINU	1.743	Ritondu	lac miroir	65.000	10	600.000
53	MELU	1.711	Ritondu	lac vedette	60.000	15	55.000
54	ALZETA	1.700	Rinosu	lac intermittent	300	1	180
55	STAGNU	1.654	Cintu	lac du skieur	200	1	150
56	CORACCHIA (Pozzi 1)	1.645	Oru	lac insolite	80	1	50
57	CORACCHIA (Pozzu 2)	1.640	Oru	lac biotope	60	1	40
58	ORU (Cavalle Recce)	1.563	Oru	lac égaré	2.500	3	6.000
59	GHJALIGHETTA PIANA	1.523	Ritondu	lac plat	3.500	9	1.800
60	COSCIONE	1.500	Incudine	lac plateau			
61	PAGLIA ORBA	1.365	Cintu	lac reflet	180	2	150
62	CRENA	1.310	Ritondu	lac nénuphar	20.500	6	100.000
63	ARATE	1.162	Rinosu	lac des immortelles	2.000	1	1.200
64	LEVINA	1.160	Boziu	lac du bozziu	400	1	200
65	CERIU	1.105	Boziu	lac fugace	250	1	150
66	AGHJA SFUNDATA	1.103	Boziu	lac patinoire	150	1	80
67	PADULA SECCA	1.029	Boziu	lac asséché	120	1	50
68	PANTANU	591	Tenda	lac non glaciaire	500	1	500

Les lacs de montagne en Corse et leurs hydrosystèmes annexes (tributaire, exutoire, source, pozzines)

Par Antoine ORSINI et Christophe MORI, Hydrobiologistes à l'Université de Corse.

De la recherche en Ecologie à une gestion intégrée et durable

Nos recherches sur ces lacs de montagne, s'inscrivent dans une étude hydrobiologique pluridisciplinaire (financée par l'Office de l'Environnement de la Corse et l'Agence de l'Eau Rhône Méditerranée et Corse). Les résultats obtenus seront pris en compte dans le cadre d'un plan de gestion de ces écosystèmes à haute valeur patrimoniale.

Ainsi, le 22 septembre 2017, l'Assemblée de Corse a décidé de procéder au classement de la réserve naturelle de Corse du massif du Monte Ritondu, la première réserve créée par la Collectivité Territoriale de Corse. Cette réserve s'étend sur 3 135 hectares sur les communes de Corte et Venaco et comprend les hautes vallées de la Restonica et du Verghellu. Situé en plein cœur de la Corse, culminant à quelques 2 622 mètres d'altitude au sommet du Monte Ritondu, elle regroupe la majorité des lacs d'altitude de Corse. Sur la vallée de la Restonica, le périmètre comprend les bassins versants des lacs de l'Oriente, Cavacciole et Scapucciole, Rinosu, Capitellu et Melu, ainsi que le bassin versant de la Restonica en amont de la bergerie du Melu. Concernant la commune de Venaco, le bassin versant du lac de Bellebone, tête de bassin de la vallée du Manganellu, est inclus dans le périmètre, ainsi que la très haute vallée du Verghellu.

Les lacs de montagne en Corse sont d'origine glaciaire. Il y a environ 10 000 ans, ils se sont formés soit par surcreusement (Melu, Capitellu), soit par l'accumulation de moraines (Bastani).

Le bilan hydrique classe ces lacs dans le type fluvial c'est-à-dire que les apports et les sorties s'effectuent essentiellement par des tributaires et des émissaires de surface.

Ces lacs passent l'hiver sous la glace entraînant un ralentissement de l'activité biologique.
Avec deux mélanges par an (printemps et automne) ces lacs de montagne sont dimictiques ; la phase de stratification (thermique et chimique) se réalise en été.

La végétation du bassin versant dépend de l'altitude. Le pin laricio est présent autour des lacs situés à moins de 1 700 m (Crena) ; entre 1700 et 2 100 m d'altitude l'aulne odorant est l'espèce dominante de la strate arbustive (Melu), les pozzines y sont parfois bien développées (Ninu) ; au dessus de 2 100 m la végétation est rare et représentée par quelques plantes épineuses (Maggiore, Cintu).

La végétation aquatique est essentiellement représentée par des algues microscopiques et des mousses. Les macrophytes sont rares, le potamot nageant et le nénuphar (introduit) sont présents respectivement aux lacs de Ninu et de Crena.

Les vertébrés sont représentés par la truite, le saumon de fontaine, l'euprocte, la salamandre et le discoglosse. Cette faune aquatique est caractérisée par un taux d'endémisme élevé.

L'étude des peuplements d'invertébrés benthiques de quinze sites étudiés révèle :
- Un inventaire spécifique de 107 taxons (dont 32 espèces endémiques) ; les Diptères sont les plus diversifiés (24), viennent ensuite les Coléoptères (20), les Trichoptères (19), les Ephéméroptères (10), les Odonates (10), les Plécoptères (6), les Hétéroptères (6)...
- Une richesse taxinomique des peuplements d'invertébrés aquatiques inversement proportionnelle à l'altitude du lac considéré.
- Une faune plus diversifiée dans les hydrosystèmes annexes (tributaire, exutoire, source, pozzines) où les Diptères, les Oligochètes, les Trichoptères et les Plécoptères représentent 90 à 100 % des invertébrés benthiques capturés.
- Une domination des Diptères et des Oligochètes qui représentent 60 à 92 % des invertébrés capturés dans les lacs.
- Une zonation bathymétrique du benthos qui se traduit par (i) un appauvrissement des peuplements avec la profondeur et (ii) une domination du peuplement diptérologique au-delà de 5 mètres où les larves de Chironomidae Tanytarsini et Tanypodinae dominent.
- Un état écologique dégradé des peuplements benthiques des lacs de Bastani, Crenu, Gialicatapianu, Goria, Ninu et Vitalaca.

L'évaluation du niveau d'eutrophisation des eaux des lacs prospectés passe par la mise en évidence de taxons bioindicateurs.
Parmi les organismes polluorésistants, qui prolifèrent dans les milieux pollués, nous avons retenu les Diptères Chironomini et le Mollusque Pisidium casertanum. Les larves de ces Insectes possèdent une hémoglobine spéciale qui leur permet de vivre dans les milieux quasi anoxiques. Leur prolifération traduit un enrichissement des eaux en matière organique. Le Mollusque retenu est un invertébré filtreur qui se nourrit de débris organiques microscopiques accumulés au fond des lacs.

Les Trichoptères Limnephilidae Allogamus corsicus et Leptodrusus budtzi, ainsi que le Diptère Tanytarsini sont utilisés comme organismes polluosensibles ou espèces sentinelles, dont les variations d'effectif ou la disparition traduisent une dégradation de la qualité du milieu. Les Limnéphilidae A. corsicus et L. budtzi sont des invertébrés présents dans le cours supérieur des rivières et dans les sources où les eaux sont bien oxygénées et exemptes d'eutrophisation.

L'essai de typologie basé sur les caractéristiques abiotiques et biotiques des lacs étudiés montre :
- L'existence de quatre types de lacs.
- Cavacciole, Maggiore et Oro sont des petits lacs, peu profonds où les eaux sont faiblement minéralisées et le degré d'eutrophisation est faible.

Bastani, Bellebone, Capitellu et Niellucciu d'une part ainsi que Bracca et Oriente d'autre part sont des lacs faiblement minéralisés mais la présence des Diptères Chironomini et du Mollusque Pisidium casertanum traduit un début d'eutrophisation.
- Melu et Goria sont des grands lacs, moyennement profonds, dont la surfréquentation entraîne une dégradation de l'état écologique : prolifération des Chironomini et de Pisidium casertanum.
- Ninu, Crenu et Gialicatapianu sont caractérisés par la présence de macrophytes aquatiques. L'eutrophisation des eaux, dont l'origine est diverse (végétaux terrestres, macrophytes aquatiques, animaux domestiques et surfréquentation touristique), se traduit par l'absence d'Allogamus corsicus, Leptodrusus budtzi et la prolifération de Chironomini et de Pisidium casertanum.

L'étude des caractéristiques physico-chimiques des eaux des lacs étudiés révèle :
- Une qualité acceptable des eaux (concentrations en nitrites, nitrates et en phosphore faibles), sauf à Ninu, Crenu et Gialicatapianu où les valeurs traduisent un enrichissement en matière organique en décomposition dont l'origine est diverse : macrophytes de la ceinture de végétation, animaux domestiques, fréquentation touristique.
- Des concentrations en chlorure, en sodium et en calcium élevées aux lacs de Ninu, Crenu, Gialicatapianu et Vitalaca, en relation avec les pressions humaines multiples.
- Une eutrophisation marquée des eaux de Ninu, Crenu, Goria, Gialicatapianu et Vitalaca.

Focus sur les Pozzines et la truite endémique corse

Les pozzines sont des pelouses hygrophiles et méso-hygrophiles installées sur des substrats issus du comblement naturel plus ou moins complet de lacs d'origine glaciaire. Installées sur un sous-sol imperméable (boue glaciaire) à feutre tourbeux imbibé d'eau, elles sont essentiellement formées par les organes souterrains de Graminées, Cypéracées et Joncacées naines à sphaignes.

Le retrait des glaciers des dernières phases climatiques froides (14 000 ans) a entraîné le creusement de cuvettes et la mise en place de lacs. Le processus de sédimentation, par apport d'alluvions torrentielles, se met progressivement en marche dans ces lacs. Les premiers bancs de graviers et de boues lacustres à émerger sont alors colonisés par des pelouses à grassette corse (Pinguicula corsica) et à scirpe cespitueux (Scirpus cespitosus). Une pelouse marécageuse à laîche sombre (Carex nigra f. intricata) s'installe ensuite peu à peu. Les alluvions et les pelouses qui les recouvrent gagnent du terrain sur l'eau libre. Ce processus a conduit à la formation de tourbe et parfois au morcellement du lac glaciaire en plusieurs bassins ou « pozzi » reliés entre eux par un réseau de canaux.

Le ruisseau qui serpente à travers les pozzines du lac de Ninu, a une pente faible, son substrat est sableux et graveleux. Les eaux s'écoulent sans turbulences. Les conditions idéales pour accueillir des frayères à truite sont donc réunies. Cet hydrosystème joue donc un rôle essentiel pour la reproduction de la truite endémique Salmo trutta macrostigma (espèce d'intérêt communautaire, Directive Européenne « Habitat » 92/43CEE). Cette tête de bassin constitue une nurserie, dont dépendent une grande partie des populations de truites du cours du Tavignanu et du lac de Ninu situé juste en amont.

Une des conséquences du changement climatique est l'augmentation de la température de l'air et corrélativement de la température de l'eau. Ces modifications entrainent un déficit en oxygène dissous de l'eau. La truite est particulièrement sensible à ce déficit notamment aux stades œuf et juvénile.

L'évolution de la température de l'air à Ninu montre une augmentation, depuis 1985 de près de 2 °C. Des enregistreurs étanches et autonomes nous permettent de relever la température de l'eau en réglant selon nos besoins le pas d'enregistrement. Nous disposons d'un suivi de 5 années (2013 à 2017). L'exploitation des résultats montre une augmentation, en été, de la température maximale de l'eau qui dépasse, depuis 2015, 26°C. Par extrapolation (relation température air-eau) nous avons calculé la température moyenne de l'eau de 1984 à 2004 ; la valeur obtenue est de 23.0 °C. Pour les années 2015 et 2016, l'écart à la moyenne varie de 3.1 à 4.7 °C ! On a pu démontrer statistiquement que la température de l'eau augmente deux fois plus vite que la température de l'air dans ces pozzines. Le changement du régime thermique de l'eau des pozzines de Ninu modifie les conditions écologiques de certaines espèces de vertébrés aquatiques notamment la truite.

Des inventaires piscicoles sont réalisés régulièrement depuis 1994. La valeur de la densité de la population de truite est 2.5 à 6.3 moins importante que celle relevée en 1994. La population de juvéniles (classe d'âge 0+) est particulièrement impactée. En effet, en 2015 et 2016, la densité de juvéniles est respectivement 10.3 et 15.6 moins importante qu'en 1994, soit 90% de baisse !

Ces bouleversements diminuent l'intérêt halieutique des pozzines et sa mise en réserve de pêche apparait être la mesure de gestion la plus appropriée. Cette tête de bassin constitue une nurserie, dont dépendent une grande partie des populations de truites du cours du lac de Ninu et du Tavignanu. Compte-tenu de la présence du Lac de Ninu, dont le caractère poissonneux mobilise l'essentiel des pêcheurs, la protection du cours supérieur du Tavignanu situé sur les pozzines et sa mise en réserve de pêche, s'avèrent essentiels.

Biographies

Martial LACROIX
Cet ancien membre du PGHM de Corti, n'est pas peu fier d'avoir décroché son diplôme de guide de haute-montagne, depuis cette île où il travaillait. Jurassien d'origine, ce moniteur de ski de fond arrivé par hasard en Corse, a fait le choix d'y rester, par passion et par conviction. Il est l'auteur de nombreux ouvrages sur l'escalade, la randonnée et le ski.

Francis Burelli
Ancien ingénieur hydrologue, ce passionné et fin connaisseur de la montagne corse a participé avec Jean-Paul Quilici, du temps du renommé Michel Fabrikant, à la reconnaissance du futur parcours du GR20. Son amour de la nature corse, sa maîtrise technique font de lui un des plus grands spécialistes de ces sentiers de montagne.

François Balestriere
Avant la création des Éditions Clémentine, dont il est le fondateur, il était déjà un photographe inspiré, qui signait les images de nombreux artistes insulaires, français et étrangers tout en demeurant à Porto-Vecchio dans le sud de la Corse. De Dizzy Gillespie en 1976 à I Muvrini, de Muddy Waters à Barbara Furtuna, ils sont nombreux à avoir frôlé son objectif et pour certains, réalisé une part du chemin en commun.
François Balestriere est aussi l'auteur de nombreux ouvrages dont « Une fenêtre sur la Corse », « Ombres et Lumières » et « I Muvrini ».

Biographies

Martial LACROIX
Cet ancien membre du PGHM de Corti, n'est pas peu fier d'avoir décroché son diplôme de guide de haute-montagne, depuis cette île où il travaillait. Jurassien d'origine, ce moniteur de ski de fond arrivé par hasard en Corse, a fait le choix d'y rester, par passion et par conviction. Il est l'auteur de nombreux ouvrages sur l'escalade, la randonnée et le ski.

Francis Burelli
Ancien ingénieur hydrologue, ce passionné et fin connaisseur de la montagne corse a participé avec Jean-Paul Quilici, du temps du renommé Michel Fabrikant, à la reconnaissance du futur parcours du GR20. Son amour de la nature corse, sa maîtrise technique font de lui un des plus grands spécialistes de ces sentiers de montagne.

François Balestriere
Avant la création des Éditions Clémentine, dont il est le fondateur, il était déjà un photographe inspiré, qui signait les images de nombreux artistes insulaires, français et étrangers tout en demeurant à Porto-Vecchio dans le sud de la Corse. De Dizzy Gillespie en 1976 à I Muvrini, de Muddy Waters à Barbara Furtuna, ils sont nombreux à avoir frôlé son objectif et pour certains, réalisé une part du chemin en commun.
François Balestriere est aussi l'auteur de nombreux ouvrages dont « Une fenêtre sur la Corse », « Ombres et Lumières » et « I Muvrini ».

" Il y a ceux qui aiment la montagne Corse et ceux qui n'ont pas cette chance".

**Che li sie thjughi o maio, i lavi corsi apicigati a e nostre muntagne,
so d'una bellezza eterna.
Andate puru a fighjulali se avete u tempu, se no scupritele con questu libru.**
(Grands ou petits, les lacs corses, collés à nos montagnes, sont d'une beauté éternelle.
Allez les voir si vous en avez le temps, sinon découvrez-les dans ce livre).

Je tiens à remercier tous ceux qui m'ont accompagné sur les chemins lumineux,
à la découverte des lacs de Corse, en particulier le Dr Burelli mon frère,
avec qui j'ai souvent partagé ces moments de bonheur.
Francis Burelli

ISBN : 978-2-37012-120-2 - Dépôt Légal B.N.F. : Novembre 2018

**Suivi éditorial, relecture des textes : F. Balestriere
Textes et photographies : F. Burelli et M. Lacroix
Photographies et couverture : F. Balestriere
Carte de la Corse : Clémentine/JBCarto
Couverture et maquette : Nicolas Gamito (Fizzid SL)**

Éditions Clémentine, Route de Muratello, 20137 Porto-Vecchio - Corsica - France
Tél. : +33 (0) 495 255 867 - Fax : +33 (0) 495 705 599
www.editionsclementine.com - info@editionsclementine.com

Cet ouvrage a été imprimé en U.E. pour le compte des Éditions Clémentine

© Éditions Clémentine
Tous droits réservés, aucun élément de ce livre ne peut être utilisé de quelque manière que ce soit,
sous forme électronique ou physique sans l'accord des Éditions Clémentine.